Basiswissen Sozialwirtschaft und Sozialmanagement

Reihe herausgegeben von
Klaus Grunwald, Stuttgart, Deutschland
Ludger Kolhoff, Wolfenbüttel, Deutschland

Die Lehrbuchreihe „Basiswissen Sozialwirtschaft und Sozialmanagement" vermittelt zentrale Inhalte zum Themenfeld Sozialwirtschaft und Sozialmanagement in verständlicher, didaktisch sorgfältig aufbereiteter und kompakter Form. In sich abgeschlossene, thematisch fokussierte Lehrbücher stellen die verschiedenen Themen theoretisch fundiert und kritisch reflektiert dar. Vermittelt werden sowohl Grundlagen aus relevanten wissenschaftlichen (Teil-)Disziplinen als auch methodische Zugänge zu Herausforderungen der Sozialwirtschaft im Allgemeinen und sozialwirtschaftlicher Unternehmen im Besonderen. Die Bände richten sich an Studierende und Fachkräfte der Sozialen Arbeit, der Sozialwirtschaft und des Sozialmanagements. Sie sollen nicht nur in der Lehre (insbesondere der Vor- und Nachbereitung von Seminarveranstaltungen), sondern auch in der individuellen bzw. selbstständigen Beschäftigung mit relevanten sozialwirtschaftlichen Fragestellungen eine gute Unterstützung im Lernprozess von Studierenden sowie in der Weiterbildung von Fach- und Führungskräften bieten.

Beiratsmitglieder

Holger Backhaus-Maul
Philosophische Fakultät III
Universität Halle-Wittenberg
Halle (Saale), Sachsen-Anhalt
Deutschland

Waltraud Grillitsch
Fachhochschule Kärnten
Feldkirchen
Österreich

Andreas Langer
Department Soziale Arbeit, HAW
Hamburg, Hamburg, Deutschland

Peter Zängl
Hochschule für Soziale Arbeit
Fachhochschule Nordwestschweiz
Olten, Schweiz

Marlies Fröse
Evangelische Hochschule Dresden
Dresden, Sachsen, Deutschland

Andreas Laib
Fachbereich Soziale Arbeit
Fachhochschule St. Gallen
St. Gallen, Schweiz

Wolf-Rainer Wendt
Stuttgart, Baden-Württemberg
Deutschland

Weitere Bände in der Reihe http://www.springer.com/series/15473

Ludger Kolhoff · Christine Baur ·
Karl-Heinz Gröpler ·
Andrea Tabatt-Hirschfeldt

Sozialmanagement in der Arbeit mit Geflüchteten

Eine Einführung

Ludger Kolhoff
Ostfalia Hochschule für angewandte Wissenschaften
Wolfenbüttel, Deutschland

Christine Baur
Ostfalia Hochschule für angewandte Wissenschaften
Wolfenbüttel, Deutschland

Karl-Heinz Gröpler
Ostfalia Hochschule für angewandte Wissenschaften
Wolfenbüttel, Deutschland

Andrea Tabatt-Hirschfeldt
Ostfalia Hochschule für angewandte Wissenschaften
Suderburg, Deutschland

ISSN 2569-6009　　　　ISSN 2569-6017　(electronic)
Basiswissen Sozialwirtschaft und Sozialmanagement
ISBN 978-3-658-27278-4　　　ISBN 978-3-658-27279-1　(eBook)
https://doi.org/10.1007/978-3-658-27279-1

Die Deutsche Nationalbibliothek verzeichnet diese Publikation in der Deutschen National-bibliografie; detaillierte bibliografische Daten sind im Internet über http://dnb.d-nb.de abrufbar.

© Springer Fachmedien Wiesbaden GmbH, ein Teil von Springer Nature 2020
Das Werk einschließlich aller seiner Teile ist urheberrechtlich geschützt. Jede Verwertung, die nicht ausdrücklich vom Urheberrechtsgesetz zugelassen ist, bedarf der vorherigen Zustimmung des Verlags. Das gilt insbesondere für Vervielfältigungen, Bearbeitungen, Übersetzungen, Mikroverfilmungen und die Einspeicherung und Verarbeitung in elektronischen Systemen.
Die Wiedergabe von allgemein beschreibenden Bezeichnungen, Marken, Unternehmensnamen etc. in diesem Werk bedeutet nicht, dass diese frei durch jedermann benutzt werden dürfen. Die Berechtigung zur Benutzung unterliegt, auch ohne gesonderten Hinweis hierzu, den Regeln des Markenrechts. Die Rechte des jeweiligen Zeicheninhabers sind zu beachten.
Der Verlag, die Autoren und die Herausgeber gehen davon aus, dass die Angaben und Informa-tionen in diesem Werk zum Zeitpunkt der Veröffentlichung vollständig und korrekt sind. Weder der Verlag, noch die Autoren oder die Herausgeber übernehmen, ausdrücklich oder implizit, Gewähr für den Inhalt des Werkes, etwaige Fehler oder Äußerungen. Der Verlag bleibt im Hinblick auf geografische Zuordnungen und Gebietsbezeichnungen in veröffentlichten Karten und Institutionsadressen neutral.

Springer VS ist ein Imprint der eingetragenen Gesellschaft Springer Fachmedien Wiesbaden GmbH und ist ein Teil von Springer Nature.
Die Anschrift der Gesellschaft ist: Abraham-Lincoln-Str. 46, 65189 Wiesbaden, Germany

Inhalt

1 Einleitung 1
  Ludger Kolhoff

2 Asylverfahren und Integration von Geflüchteten 7
  Ludger Kolhoff
  2.1 Asylverfahren 8
  2.2 Leistungen 12
  2.3 Perspektiven 14
  2.4 Integration von Geflüchteten 15
  Literatur 19

3 Interkulturalität 21
  Christine Baur und Karl-Heinz Gröpler
  3.1 Interkulturalität und Bildung – Herausforderungen bei der
      Integration von Geflüchteten *(Christine Baur)* 21
    3.1.1 Einleitung 22
    3.1.2 Kultur und Interkulturalität 23
    3.1.3 Interkulturelle Kompetenz als Querschnittsqualifikation 25
    3.1.4 Integration durch Bildung – sozialräumliche und
          schulische Segregation 29
      3.1.4.1 Ethnische und soziale Segregation in deutschen
              Schulen 30
      3.1.4.2 Dimensionen der Bildungsbenachteiligung 30
    3.1.5 Schule als sicherer Ort – die Rolle der multiprofessionellen
          Kooperationen 34
  Literatur 35

3.2 Interkulturelle Kommunikation *(Karl-Heinz Gröpler)* 38
    3.2.1 Einführung 39
    3.2.2 Kultur als Programmierung 39
           Kulturdimensionen nach Hofstede 40
    3.2.3 Das Erleben und Abgleichen von Wirklichkeiten in unterschiedlichen Kulturen 42
           3.2.3.1 Wieso ist Kommunikation in der Regel von Missverstehen geprägt? 44
           3.2.3.2 Grundprobleme menschlicher Kommunikation – am Beispiel des Kommunikationsquadrats 47
    3.2.4 Das interkulturelle Kommunikationsquadrat 49
           3.2.4.1 Kulturelle Sensibilität 52
           3.2.4.2 Dialogische Grundhaltung 52
    3.2.5 Darstellung von geeigneten Verfahren in der interkulturellen Beratung 53
           3.2.5.1 Zirkuläre Fragen 53
           3.2.5.2 Systembrett 55
    Literatur 57

4 Integrationsgestaltung 61
Karl-Heinz-Gröpler, Andrea Tabatt-Hirschfeldt und Ludger Kolhoff

4.1 Organisation der Teilhabe am Leben in der Gesellschaft *(Karl-Heinz Gröpler)* 61
    4.1.1 Einführung 62
    4.1.2 Universale Bedürfnisse 63
    4.1.3 Maximen Sozialer Arbeit 65
           4.1.3.1 Struktur- und Handlungsprinzipien 65
           4.1.3.2 Integrationsarbeit zwischen ungleicher Machtverteilung und Empowerment 67
           4.1.3.3 Variablen der Integration 69
    4.1.4 Partizipative Integration 75
           4.1.4.1 Kultur 75
           4.1.4.2 Sport 77
           4.1.4.3 Garten 78
    Literatur 80

4.2 Kommunale Steuerung *(Andrea Tabatt-Hirschfeldt)* 83
    4.2.1 Kommunale Steuerungsmodi 84
    4.2.2 Kommunale Geflüchteten- und Integrationspolitik 86
        4.2.2.1 Probleme und Herausforderungen 87
        4.2.2.2 Erfolgsfaktoren und Best Practices 89
        4.2.2.3 Strategisch vernetzte Ausrichtung 89
        4.2.2.4 Operative Abstimmung(-sprozesse) 91
        4.2.2.5 Engagementförderung 93
    4.2.3 Anregungen für die Zukunft 95
        4.2.3.1 Vernetzung 95
        4.2.3.2 Standards und Strukturen 95
        4.2.3.3 Politische Erfahrung und Verantwortung 95
    4.2.4 Organisationsmodelle des Geflüchtetenmanagements 96
    4.2.5 Integrationsmanager/in im kommunalen
        Netzwerk 102
    Literatur 104

4.3 Management von Integrationsprojekten *(Ludger Kolhoff)* 106
    4.3.1 Einführung 106
    4.3.2 Projektbeteiligte 107
        4.3.2.1 Projektleitung 108
        4.3.2.2 Projektteams 109
    4.3.3 Projektorganisation 112
    4.3.4 Projektmanagement 116
        4.3.4.1 Projekte vorbereiten 117
        4.3.4.2 Projekte planen 122
        4.3.4.3 Projekte umsetzen 130
        4.3.4.4 Projekte evaluieren 133
    Literatur 135

Literatur 137

Autor/innen 145

Einleitung

Ludger Kolhoff

Das Thema Flucht und Migration ist eine politisch hoch brisante Angelegenheit. Im Jahr 2015 kamen 890.000 Geflüchtete nach Deutschland. Einerseits wurden sie freundlich begrüßt, andererseits wuchsen mit der Zahl der Geflüchteten in Teilen der Bevölkerung auch Sorgen und Ressentiments, und die AfD – Alternative für Deutschland erzielt Wahlerfolge. Zwar sind die Geflüchtetenzahlen seit dem Abkommen mit der Türkei 2016 stark zurückgegangen, doch die Integration der Hinzugekommenen wird uns noch lange beschäftigen und in Zukunft werden weitere Menschen zu uns gelangen, sodass die Arbeit mit Geflüchteten einer der Schwerpunkte des Sozialmanagements und der Sozialwirtschaft bleiben wird.

Die Integration der Geflüchteten bringt zahlreiche Herausforderungen mit sich. Nahezu alle Geflüchteten benötigen Unterstützung bei dem Erlernen der deutschen Sprache, bei der Orientierung in einer ihnen unbekannten Gesellschaft und fremden Lebensumwelt, Verständnis für ihre Nöte und für eventuelle Anpassungsschwierigkeiten. Die oftmals jahrelang unbeschulten Kinder und Jugendlichen haben ein Recht auf (Schul-)Bildung und die Erwachsenen einen hohen Qualifizierungsbedarf, um längerfristig gesellschaftlich teilhaben zu können.

Der überwiegende Teil der Geflüchteten, die in Deutschland einen Asylantrag stellen, ist jung und männlich, wie Abb. 1.2 zeigt.

© Springer Fachmedien Wiesbaden GmbH, ein Teil von Springer Nature 2020
L. Kolhoff et al., *Sozialmanagement in der Arbeit mit Geflüchteten*,
Basiswissen Sozialwirtschaft und Sozialmanagement,
https://doi.org/10.1007/978-3-658-27279-1_1

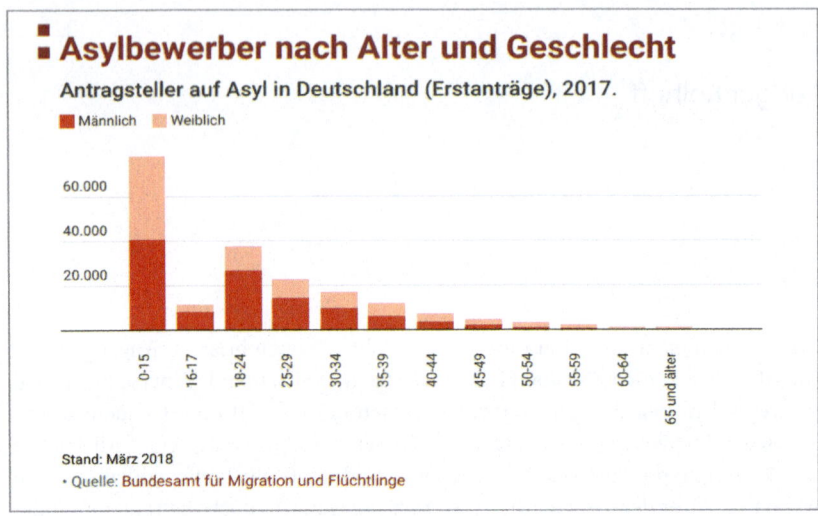

Abb. 1.1 Asylbewerber/innen nach Alter und Geschlecht (Erstanträge 2017)
Quelle: Bundeszentrale für politische Bildung 2019

Viele Geflüchtete kommen aus den Kriegs- und Krisengebieten des Nahen und Mittleren Ostens. Die größte Gruppe der Geflüchteten stammt 2018 aus Syrien. Es folgen, wie in Abb. 1.3 ersichtlich, der Irak und der Iran.

1 Einleitung

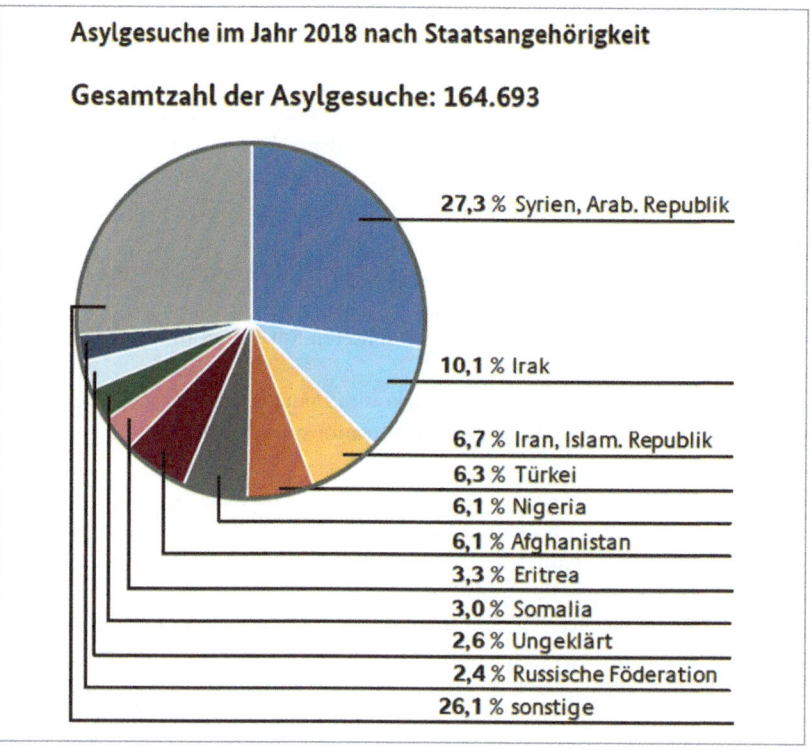

Abb. 1.2 Herkunft der Flüchtlinge
Quelle: BAMF 2019, S. 11

Geflüchtete, die in ihren Heimatländern politisch verfolgt werden, genießen in Deutschland Asyl (Art. 16a GG). Doch nur ein kleiner Teil der Geflüchteten gehört zu dieser Gruppe. Weitaus mehr Menschen erhalten Flüchtlingsschutz nach der Genfer Flüchtlingskonvention. Darüber hinaus dürfen Menschen bleiben, denen im Herkunftsland ein ernsthafter Schaden droht, da Leben oder Gesundheit bedroht werden. Sie sind subsidiär schutzberechtigt.

Dieses Buch widmet sich dem Sozialmanagement in der Arbeit mit Geflüchteten. Nach der Lektüre dieses Buches

- wissen Sie, wie Asylverfahren in Deutschland ablaufen, auf welche Leistungen Asylbewerber Anspruch haben und welche Perspektiven sie haben,
- kennen Sie die Herausforderungen bei der Integration von Geflüchteten,
- können Sie die Dimensionen des Kulturbegriffs im Hinblick auf die Soziale Arbeit reflektieren,
- kennen Sie die Fallstricke in der interkulturellen Kommunikation und geeignete Techniken, um diese zu umgehen,
- wissen Sie, wie die Teilhabe der Geflüchteten am Leben in der Gesellschaft organisiert werden kann,
- kennen Sie Organisationsmodelle im kommunalen Flüchtlingsmanagement,
- verfügen Sie über das Wissen, wie Integrationsprojekte erfolgreich gemanagt werden können.

Ludger Kolhoff stellt in Kapitel 2 dieses Buches den Ablauf des Asylverfahrens in Deutschland und die unterschiedlichen Entscheidungsmöglichkeiten: Asylberechtigung/Flüchtlingsschutz/Subsidiärer Schutz (Aufenthaltsrecht/Bleiberecht), Ablehnung (Abschiebeverbot, Duldung, Ausreisepflicht) vor. Es werden die Leistungen skizziert, auf die Geflüchtete einen Anspruch haben, und die Faktoren Spracherwerb und Zugang zum Arbeitsmarkt benannt, die für die Integration von Geflüchteten besonders wichtig sind. Verwiesen wird auch auf die Gruppe der unbegleiteten minderjährigen Ausländer/innen (2016 waren über die Hälfte der durch die Jugendämter in Obhut genommenen Kinder und Jugendliche unbegleitete Minderjährige).

Christine Baur und Karl-Heinz Gröpler widmen sich in Kapitel 3 dem Themenfeld der Interkulturalität. Christine Baur behandelt das Thema „Interkulturalität und Bildung". Für sie zeigt sich interkulturelle Kompetenz als Fähigkeit der Bewältigung von sich ständig wandelnden Anforderungen und Aufgaben, die dazu führt, dass Differenzen analysiert und überwunden werden können. Sie zeigt auf, dass die Bildungssituation von geflüchteten Kindern und Jugendlichen über Sprachbildung und -förderung sowie den sensiblen Umgang mit kultureller Vielfalt verbessert werden kann und fordert eine Schule als sicheren Ort zur Bildungsteilhabe und Stabilisierung geflüchteter Kinder und Jugendliche. Auch für Karl-Heinz Gröpler verlangt die Arbeit mit Geflüchteten interkulturelle Kompetenzen. Er fragt, welche interkulturellen Kompetenzen Fachkräfte benötigen, damit eine gelingende koproduktive Beratung möglich wird. Karl-Heinz Gröpler widmet sich dem Kulturbegriff (Kultur als mentale Programmierung, die sich aus dem sozialen Umfeld und den

1 Einleitung

Lebenserfahrungen bildet, Kultur als Wirklichkeitskonstruktion) und stellt Haltungen und Strategien der interkulturellen Kommunikation sowie Verfahren und Techniken der interkulturellen Beratung vor.

Karl-Heinz-Gröpler, Andrea Tabatt-Hirschfeldt und Ludger Kolhoff behandeln im abschließenden Kapitel 4 dieses Buches das Themenfeld der Integrationsgestaltung. Karl-Heinz Gröpler fragt, wie Soziale Arbeit mitwirken könne, sodass sich die Chancen von geflüchteten Menschen zur Teilhabe an der Gesellschaft verbessern. Er behandelt Gelingensfaktoren in der Beratung und Möglichkeiten der Teilhabe am Leben in der Gesellschaft. Grundlagen und Möglichkeiten einer partizipativen Integration werden praxisnah am Beispiel der Integrationsberatung, der Mitgestaltung des Wohnumfelds und der Freizeit vorgestellt. Andrea Tabatt-Hirschfeldt behandelt das Feld der kommunalen Steuerung. Sie weist darauf hin, dass die öffentliche Verwaltung bei der Aufnahme der Verteilung und der Integration geflüchteter Menschen eine besondere Bedeutung einnimmt und stellt kommunale Steuerungsmodi vor. Probleme und Herausforderungen kommunaler Geflüchteten- und Integrationspolitik werden anhand von Untersuchungsergebnissen verschiedener Studien aufgezeigt, Erfolgsfaktoren und Best Practices benannt sowie Anregungen für die Zukunft gegeben. Ludger Kolhoff widmet sich dem Management von Projekten zur Integration von Geflüchteten. Er geht auf das Zusammenspiel der Projektbeteiligten und die Organisation von Integrationsprojekten ein und stellt Methoden zur Vorbereitung, Planung, Umsetzung und Evaluation von Projekten zur Integration von Geflüchteten vor.

Literatur

Bundesamt für Migration und Flüchtlinge [BAMF] (2019). *Das Bundesamt in Zahlen 2018*. http://www.bamf.de/SharedDocs/Anlagen/DE/Publikationen/Broschueren/bundesamt-in-zahlen-2018-asyl.pdf?__blob=publicationFile. Zugegriffen: 17. Juli 2019.

Bundeszentrale für politische Bildung (2019). *Asylbewerber/innen nach Alter und Geschlecht, 5.7.19*. https://www.bpb.de/gesellschaft/migration/flucht/265710/demografie. Zugegriffen: 17. Juli 2019.

Asylverfahren und Integration von Geflüchteten

2

Ludger Kolhoff

Zusammenfassung

In diesem Kapitel werden ausgehend vom Ablauf des Asylverfahrens und von den unterschiedlichen Entscheidungsmöglichkeiten (Asylberechtigung, Flüchtlingsschutz, subsidiärer Schutz, Abschiebeverbot, Duldung, Ausreisepflicht) Leistungen vorgestellt, auf die Geflüchtete einen Anspruch haben. Weiterhin wird auf die Faktoren Spracherwerb und Zugang zum Arbeitsmarkt eingegangen, die für die Integration von Geflüchteten besonders wichtig sind.

Lernziele

Sie erhalten einen Überblick über das bundesdeutsche Asylverfahren und soziale Leistungen für Geflüchtete. Weiterhin werden die Grundlagen der Integration von Flüchtlingen erfasst.

Schlüsselbegriffe

Asylverfahren, Asylberechtigung, Flüchtlingsschutz, Subsidiärer Schutz, Abschiebeverbot, Duldung

2.1 Asylverfahren

Wenn Geflüchtete nach Deutschland kommen und einen Asylantrag stellen, werden sie zur nächsten Aufnahmestelle gebracht. Auf der Grundlage des „EASY (Erstverteilung von Asylbegehrenden) Systems" erfolgt eine Verteilung auf die Bundesländer in Erstaufnahmeeinrichtungen. Die *Verteilung* der Geflüchteten erfolgt nach dem sogenannten Königsteiner Schlüssel, dessen Grundlage die Steuereinnahmen und die Bevölkerungszahl der Bundesländer sind. Mit 2/3 haben die Steuereinnahmen bei der Berechnung der Aufnahmequote ein größeres Gewicht. Nach diesem Schlüssel werden die Geflüchteten auf die Bundesländer verteilt. Auf Platz eins liegt Nordrhein-Westfalen, gefolgt von Bayern, Baden-Württemberg und Niedersachsen, wie Abb. 2.1 zeigt.

Für das eigentliche Asylverfahren ist das Bundesamt für Migration und Flüchtlinge (BAMF) zuständig. Die der Erstaufnahmeeinrichtung nächstgelegene Außenstelle des BAMF registriert die Geflüchteten und nimmt, sofern das nicht bereits erfolgt ist, Fingerabdrücke. Es prüft, ob der/die Geflüchtete bereits in einem anderen EU-Staat registriert wurde und ob somit nach der Dublin-Verordnung ein anderer Staat für das Asylverfahren zuständig ist. In diesem Fall wird ein Überstellungsverfahren eingeleitet. Danach wird geprüft, ob der Geflüchtete berechtigten Schutz in Deutschland bekommen kann. Folgende Entscheidungen sind möglich:

Asylberechtigung nach Art. 16a GG

Menschen, denen Asyl gemäß Art. 16a (1) – „Politisch Verfolgte genießen Asylrecht" – gewährt wird, erhalten eine Aufenthaltserlaubnis für 3 Jahre, unbeschränkten Arbeitsmarktzugang und privilegierten Familiennachzug.

Flüchtlingsschutz nach § 3 AsylG

Menschen, die in ihrem Herkunftsland wegen ihrer Rasse, Religion, Nationalität, politischen Überzeugung oder Zugehörigkeit zu einer bestimmten sozialen Gruppe verfolgt werden (§ 3 (1) AsylG), erhalten eine Aufenthaltserlaubnis für 3 Jahre, unbeschränkten Arbeitsmarktzugang und privilegierten Familiennachzug.

2.1 Asylverfahren

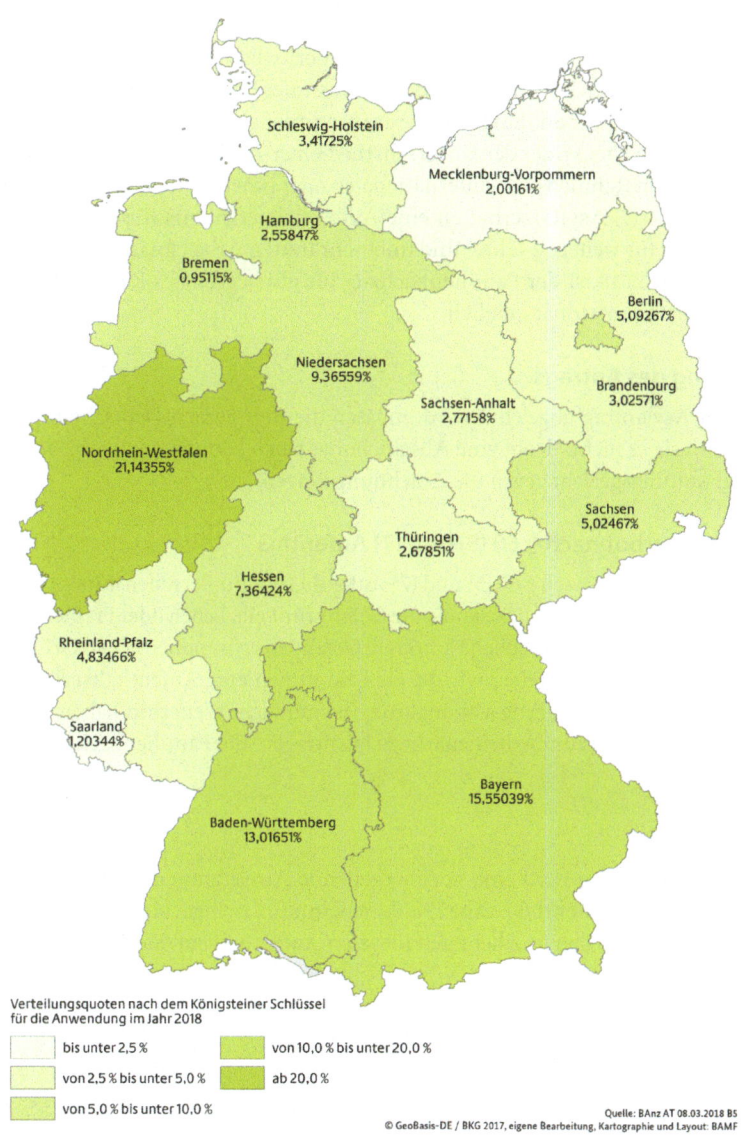

Abb. 2.1 Verteilungsquoten nach dem Königsteiner Schlüssel 2018
Quelle: BAMF 2019a, S. 15

Subsidiärer Schutz nach § 4 AsylG

Menschen, denen in ihrem Herkunftsland ein ernsthafter Schaden droht, „wie die Verhängung oder Vollstreckung der Todesstrafe, Folter oder unmenschliche oder erniedrigende Behandlung oder Bestrafung oder eine ernsthafte individuelle Bedrohung des Lebens oder der Unversehrtheit einer Zivilperson infolge willkürlicher Gewalt im Rahmen eines internationalen oder innerstaatlichen bewaffneten Konflikts" (§ 4 (1) AsylG), erhalten eine Aufenthaltserlaubnis für ein Jahr (bei Verlängerung für weitere 2 Jahre) und unbeschränkten Arbeitsmarktzugang. Seit dem 1. August 2018 ist der Familiennachzug für ein begrenztes Kontingent von 1.000 Personen pro Monat möglich.

Ablehnung des Antrags

Wenn ein Asylantrag abgelehnt wird, müssen die Betroffenen Deutschland verlassen. Tun sie es nicht, droht eine Abschiebung. Doch können Asylbewerber vor dem Verwaltungsgericht gegen die Ablehnung klagen.

Abschiebeverbot nach § 60 (5) und (7) AufenthG

Das Abschiebeverbot nach § 60 (5) und (7) AufenthG gilt für Personen, für die durch die Abschiebung eine erhebliche konkrete Gefahr für Leib, Leben oder Freiheit (§ 60 (5) AufenthG) oder eine erhebliche konkrete Gefahr aus gesundheitlichen Gründen (§ 60 (7) AufenthG) entstehen würde. Sie bekommen eine Aufenthaltserlaubnis für mindestens ein Jahr. Eine Verlängerung ist möglich. Weiterhin haben sie die Möglichkeit, Zugang zum Arbeitsmarkt zu beantragen. Ein Familiennachzug wird nicht gewährt.

Duldung

Unter einer Duldung wird eine vorübergehende Aussetzung der Abschiebung verstanden (§ 60a AufenthG). Eine Duldung kann für wenige Tage oder mehrere Jahre ausgestellt werden und hebt den illegalen Aufenthalt auf. Sie kann jederzeit widerrufen werden.

2.1 Asylverfahren

Abb. 2.2 Ablauf des Asylverfahrens
Quelle: BAMF 2019a

2.2 Leistungen

Geflüchtete haben Anspruch auf *Leistungen*. Solange Asylbewerber sich in gemeinschaftlichen Unterkünften aufhalten (in der Regel 3 bis 6 Monate nach ihrer Ankunft), erhalten sie Sachleistungen. Dazu gehören:

- Grundleistungen wie Essen, Unterkunft, Heizung, Kleidung, Gesundheits- und Körperpflege und Gebrauchs- und Verbrauchsgütern des Haushalts (zusätzlich werden ihnen Leistungen zur Deckung persönlicher Bedürfnisse des täglichen Lebens gewährt (§ 3 AsylbLG)).
- medizinische Leistungen bei Krankheit und Schwangerschaft, Geburt, sowie Impfungen (§ 4 AsylbLG).
- sonstige Leistungen (§ 6 4 AsylbLG).

Anerkannte Geflüchtete, Asylberechtigte und subsidiär Schutzbedürftige haben Zugang zum Arbeitsmarkt. Solange sie arbeitssuchend sind, erhalten sie Leistungen der Grundsicherung für Arbeitssuchende (SGB II). Menschen, die nicht arbeitsfähig sind, erhalten Sozialhilfe (SGB XII). Für beide Gruppen gelten die gleichen Rechte und Ansprüche wie für Inländer/innen.

Menschen, die in Gemeinschaftsunterkünften wohnen, können Leistungen als Sachleistungen bekommen. Sie haben das Recht und die Pflicht, an Integrationskursen teilzunehmen.

Auch die Versorgung für abgelehnte Geflüchtete ist im Asylbewerberleistungsgesetz (AsylbLG) geregelt. Es gelten die gleichen Leistungen wie für Asylbewerber/innen. Eingeschränkt werden diese jedoch in § 1a AsylbLG: „Ihnen werden bis zu ihrer Ausreise oder der Durchführung ihrer Abschiebung nur noch Leistungen zur Deckung ihres Bedarfs an Ernährung und Unterkunft einschließlich Heizung sowie Körper- und Gesundheitspflege gewährt" (§ 1a (1) AsylbLG).

Kinder von Geflüchteten haben das Recht, eine Schule zu besuchen. In vielen Bundesländern beginnt die Schulpflicht, wenn Familien die Erstaufnahmeeinrichtung verlassen und einer Kommune zugewiesen werden. In einigen Bundesländern besteht sofort Schulpflicht. Viele Schüler/innen besuchen Vorbereitungs- oder Übergangsklassen, in denen sie vor allem Deutsch lernen, bevor sie in eine Regelklasse wechseln. Manche Kinder nehmen sofort am normalen Unterricht teil. An Grundschulen ist das häufig der Fall. Ca. 300.000 Geflüchtete besuchten im Jahre 2016 deutsche Schulen (Agarwala et al. 2016). In diesem Kontext wurden viele Stellen an Schulen geschaffen, für Lehrkräfte in Vorbereitungs- oder Übergangsklassen, aber auch für Schulsozialarbeiter/innen.

2.2 Leistungen

Eine wichtige Flüchtlingsgruppe im Kontext der Sozialen Arbeit sind die *unbegleiteten minderjährigen Ausländer/innen*. Unbegleitete minderjährige Ausländer/innen werden nicht in Sammelunterkünften versorgt, sondern lokal von den Jugendämtern in Obhut genommen, wenn sich weder Personensorge- noch Erziehungsberechtigte im Land aufhalten. Die Kosten für die Inobhutnahmen lagen nach Angaben des Deutschen Städte- und Gemeindebundes (DStGB) 2017 bei 4 Milliarden Euro.

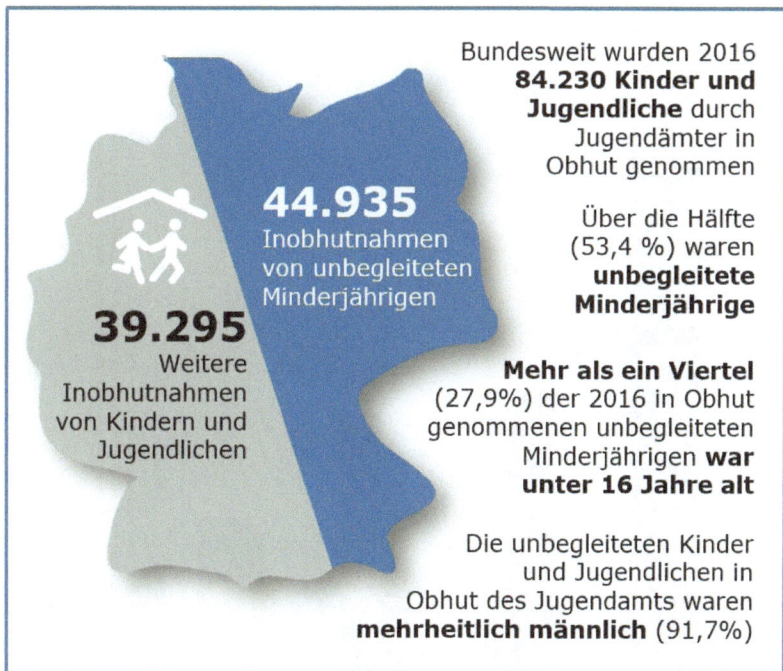

Abb. 2.3 Unbegleitete Minderjährige in Deutschland
Quelle: BAMF 2018

2.3 Perspektiven

Ein großer Teil der Geflüchteten kann in Deutschland bleiben. Abbildung 2.4 veranschaulicht grafisch Entscheidungen über Asylanträge.

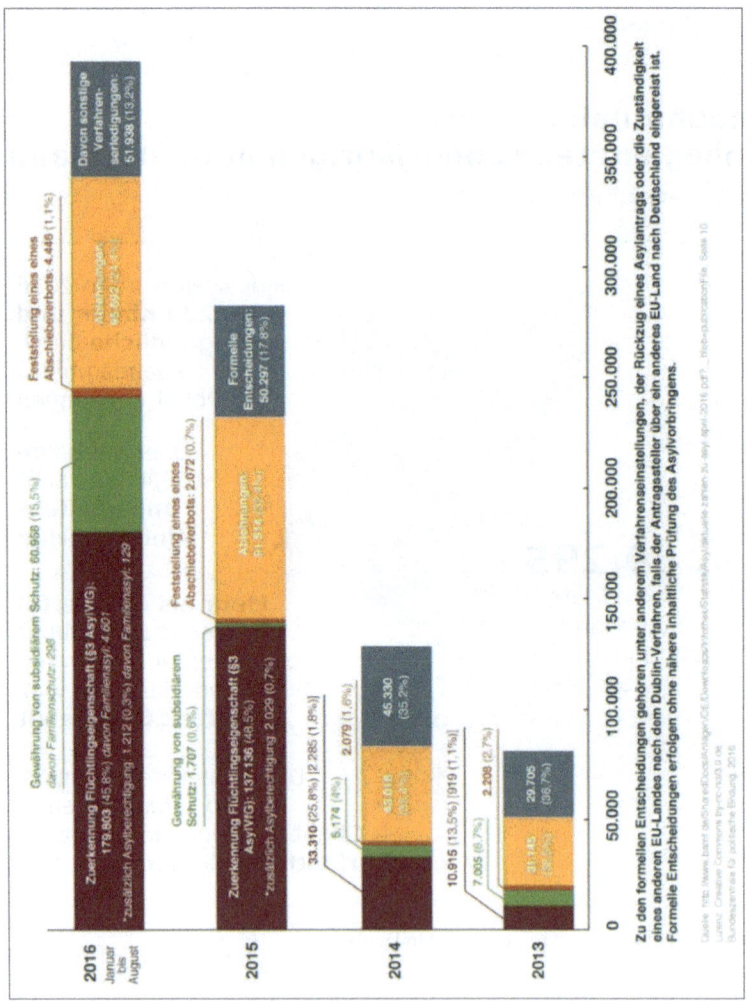

Abb. 2.4 Entscheidungen über Asylanträge

Quelle: Puschner 2016

Anerkannte Geflüchtete dürfen ohne Einschränkung arbeiten. Wenn sie keine Anstellung haben, erscheinen sie in der „Hartz IV Statistik", sofern sie sich arbeitslos melden, doch das tun längst nicht alle Geflüchtete.

Wer als Flüchtling oder Asylbewerber/in anerkannt ist, kann sich drei Jahre in Deutschland aufhalten. Wenn die Gründe für die Anerkennung nicht weggefallen sind, verlängert sich das Aufenthaltsrecht und nach 5 Jahren kann er/sie eine unbefristete Niederlassungserlaubnis erhalten, bzw. schon nach 3 Jahren, wenn er/sie sprachlich und wirtschaftlich gut integriert ist.

Ein Abschiebungsverbot führt ebenfalls zu einer Aufenthaltserlaubnis von einem Jahr und kann wiederholt verlängert werden.

2.4 Integration von Geflüchteten

Für die *Integration* von Geflüchteten sind zwei Faktoren wichtig:

- der Erwerb der Sprache und
- der Zugang zum Arbeitsmarkt.

Kinder, Jugendliche und Studierende können an Schulen oder Universitäten an speziellen Deutschkursen teilnehmen. Deutschkurse für Geflüchtete werden häufig von Ehrenamtlichen in den Erstunterkünften angeboten. Im Herbst 2015 hat die Bundesregierung umfassende staatliche Hilfen beim Deutschlernen beschlossen.

Durch das 2016 inkraftgetretene Integrationsgesetz sollte ein schnellerer Zugang zu Integrationskursen und in den Arbeitsmarkt geschaffen werden. Beispielsweise wurde die sogenannte Vorrangprüfung, nach der die Arbeitsagentur aufwändig prüft, ob ein Arbeitsplatz auch mit einem Deutschen oder einem EU-Bürger besetzt werden kann, gelockert.

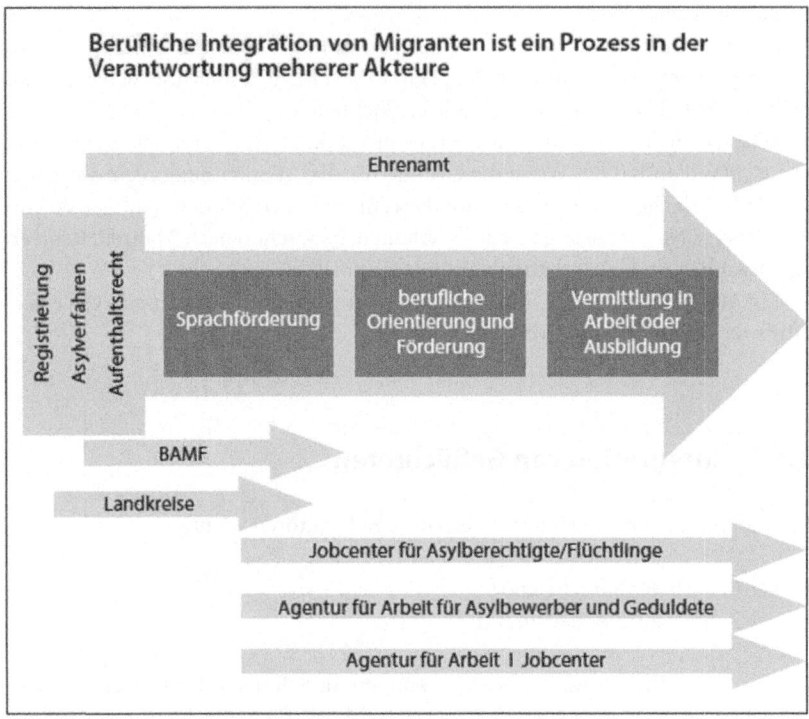

Abb. 2.5 Politische und gesellschaftliche Akteure in den Themenfeldern Flucht, Zuwanderung und Integration in Baden-Württemberg
Quelle: Demokratiezentrum Baden-Württemberg (2017)

Doch ein großer Teil der Flüchtlinge bringt keine günstigen Voraussetzungen mit, um auf dem deutschen Arbeitsmarkt Fuß zu fassen. Den meisten Flüchtlingen fehlt die erforderliche Qualifikation. In der Folge sind die Beschäftigungsquoten niedrig: „Von den Erwerbsfähigen aus den acht wichtigsten Zugangsländern waren Anfang 2018 weniger als 25 Prozent sozialversicherungspflichtig oder zumindest geringfügig beschäftigt. Zum Vergleich: Die Beschäftigungsquote aller anderen Ausländer in Deutschland beträgt annähernd 43 Prozent, die der Bundesbürger liegt sogar bei fast 68 Prozent" (iwd 2018a).

2.4 Integration von Geflüchteten

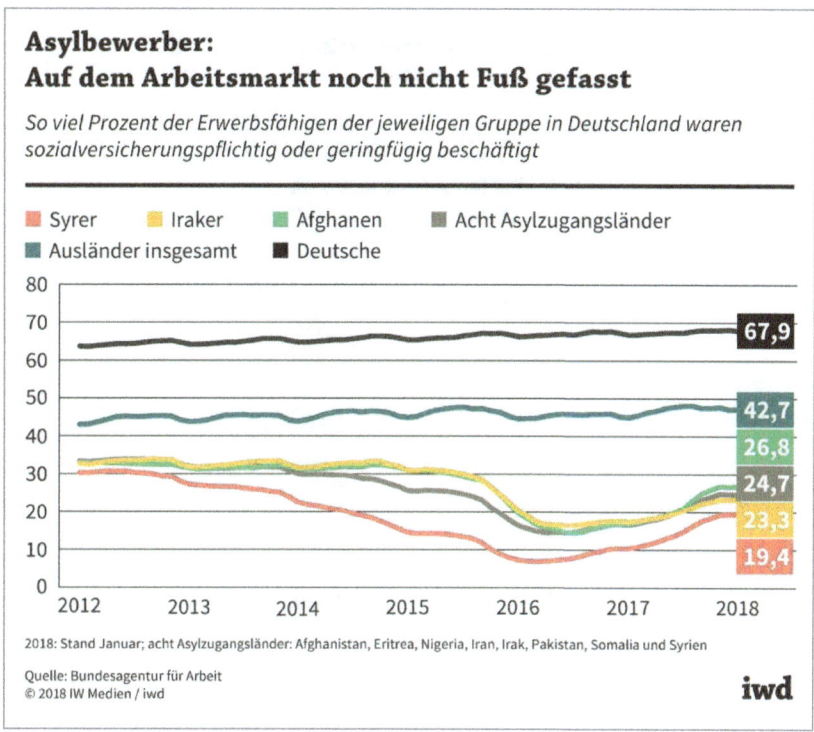

Abb. 2.6 Anteil der Flüchtlinge am Arbeitsmarkt
Quelle: iwd (2018a)

Flüchtlinge arbeiten überproportional in der Zeitarbeit. So waren von allen sozialversicherungspflichtig beschäftigten Syrern und Irakern „Ende 2017 fast 16 Prozent in der Zeitarbeitsbranche tätig – bei den Beschäftigten deutscher Herkunft betrug der Anteil nur 2 Prozent" (iwd 2018b).

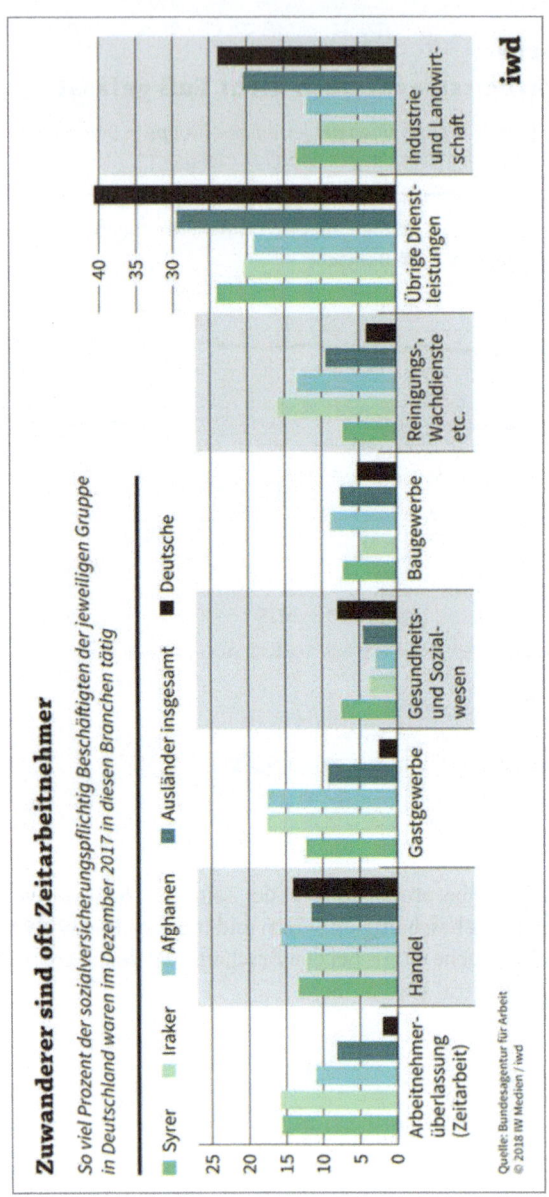

Abb. 2.7 Flüchtlinge in Zeitarbeit
Quelle: iwd (2018b)

2.4 Integration von Geflüchteten

Die Integration von Geflüchteten erfordert ein komplexes Management. Dabei sind besondere Herausforderungen zu meistern, die im nächsten Kapitel beleuchtet werden.

Literatur

Agarwala, A., Schenk, A., & Spiewak, M. (2016). Flüchtlinge im Schulalltag. *Die Zeit*. 7. Juli 2016. https://www.zeit.de/2016/29/integration-fluechtlinge-schule-kinder-jugendliche-deutschunterricht-sprachbarriere-bildungspolitik/komplettansicht. Zugegriffen: 17. Juli 2019.

Bundesamt für Migration und Flüchtlinge [BAMF] (2018). *Studie: Unbegleitete Minderjährige in Deutschland*. 23. Mai 2018. https://www.bamf.de/SharedDocs/Meldungen/DE/2018/EMN/20180523-am-wp80-unbegleitete-minderjaehrige.html. Zugegriffen: 17. Juli 2019.

Bundesamt für Migration und Flüchtlinge [BAMF] (2019a). *Ablauf des Asylverfahrens*. http://www.bamf.de/DE/Fluechtlingsschutz/AblaufAsylv/ablauf-des-asylverfahrens-node.html. Zugegriffen: 17. Juli 2019.

Bundesamt für Migration und Flüchtlinge [BAMF] (2019b). *Das Bundesamt in Zahlen 2018*. http://www.bamf.de/SharedDocs/Anlagen/DE/Publikationen/Broschueren/bundesamt-in-zahlen-2018-asyl.pdf?__blob=publicationFile. Zugegriffen: 17. Juli 2019.

Demokratiezentrum Baden Württemberg (2017). *Flüchtlinge am deutschen Arbeitsmarkt*. http://docplayer.org/24171746-Fluechtlinge-am-deutschen-arbeitsmarkt.html. Zugegriffen: 18. August 2018.

iwd (2018a). *Die Integration von Flüchtlingen erfordert einen langen Atem*. 29. Mai 2018. https://www.iwd.de/artikel/die-integration-von-fluechtlingen-erfordert-einen-langen-atem-389406/, Zugegriffen: 17. Juli 2019.

iwd (2018b). *Zeitarbeit: Sprungbrett für Flüchtlinge*. 27. Juli 2018. https://www.iwd.de/artikel/zeitarbeit-sprungbrett-fuer-fluechtlinge-398965/. Zugegriffen: 17. Juli 2019.

Puschner, P. (2016). Wer erhält welches Asyl? *Bundeszentrale für politische Bildung*. 23. September 2016. http://www.bpb.de/politik/extremismus/rechtsextremismus/232533/wer-erhaelt-welches-asyl. Zugegriffen: 17. Juli 2019.

Interkulturalität

3

Christine Baur und Karl-Heinz Gröpler

3.1 Interkulturalität und Bildung – Herausforderungen bei der Integration von Geflüchteten

Christine Baur

Zusammenfassung

Kulturen sind lebende Gebilde, die einen permanenten Veränderungsprozess durchlaufen. Interkulturelle Kompetenz von Fachkräften im Bildungsbereich zeigt sich daher als Fähigkeit der organisatorischen und individuellen Bewältigung von sich ständig wandelnden Anforderungen und Aufgaben. In der Praxis der Sozialen Arbeit und der Lehrkräfte zeigen sich allerdings Zuschreibungen bei Schüler/innen mit Migrationshintergrund, die ihre Sprache, kulturelle bzw. nationale und soziale Herkunft oftmals in Zusammenhang mit Geschlecht und Religion thematisieren. Über diesen engen Fokus hinaus zeigen sich strukturelle Benachteiligungen durch die soziale und ethnische Segregation der Schüler/innen mit Migrationshintergrund und mit Fluchtbiografien, die eine Bildungsbenachteiligung befördern.

Die Bildungssituation von geflüchteten Kindern und Jugendlichen kann über Sprachbildung und -förderung sowie den sensiblen Umgang mit kultureller Vielfalt in der Lehrer/innen-Aus- und -Weiterbildung sowie einer bedarfsgerechten Ressourcenausstattung an segregierten Schulen verbessert werden. In einer Schule als sicheren Ort leistet Soziale Arbeit in Kooperation mit den Lehrkräften einen Beitrag zur Bildungsteilhabe und Stabilisierung der geflüchteten Kinder und Jugendlichen, und kooperiert dabei mit außerschulischen Partnern. Gelingende Multiprofessionalität in Schulen wird durch strukturelle Hindernisse erschwert, deren Beseitigung eine bildungspolitische Aufgabe ist. Multiprofessionelles Handeln in Schulen sollte exkludierende Tendenzen analysieren und inkludierende Maßnahmen als Bestandteil der Schulentwicklung entfalten.

Lernziele

Ziel des dritten Kapitels ist es, die Herausforderungen für die Fachkräfte im Bildungsbereich bei der Integration der Geflüchteten zu beleuchten und Lösungsansätze aufzuzeigen. Die Rezipient/innen sind durch die Auseinandersetzung mit dem Kulturbegriff für kulturalisierende Perspektiven sensibilisiert und erkennen die Notwendigkeit der interkulturellen Kompetenz als Querschnittsqualifikation. Sie analysieren die strukturellen Bildungsbedingungen für Geflüchtete durch schulische und wohnräumliche Segregation sowie ausländerrechtliche Vorgaben als schwierige Ausgangslage für einen zu erzielenden Bildungserfolg. Abschließend reflektieren die Rezipient/innen Lösungsansätze in den Handlungsfeldern der Fachkräfte in der Schule, seien es Lehrkräfte, Schulsozialarbeiter/innen oder das weitere pädagogische Personal.

Schlüsselbegriffe

Interkulturelle Kompetenz, Bildung, Segregation, Geflüchtete, multiprofessionelle Kooperation, Schule als sicherer Ort

3.1.1 Einleitung

Die Einwanderung vieler Geflüchteter nach Deutschland in den letzten Jahren bringt zahlreiche Herausforderungen mit sich. Nahezu alle Eingewanderten benötigen Unterstützung bei dem Erlernen der deutschen Sprache, bei der Orientierung in einer ihnen unbekannten Gesellschaft und fremden Lebensumwelt, Verständnis für ihre Nöte und für eventuelle Anpassungsschwierigkeiten. Die oftmals jahrelang nicht regulär beschulten Kinder und Jugendlichen haben ein Recht auf (Schul-)Bildung und die Erwachsenen einen hohen Bedarf an Qualifizierung, die ihnen längerfristig eine gesellschaftliche Teilhabe ermöglicht.

Für die Aufnahmegesellschaft stellen sich dadurch folgende Fragen: Wie meistern die Institutionen und Organisationen die Integrationsaufgaben? Welche (interkulturellen) Kompetenzen benötigen Fachkräfte und Institutionen für die Integration der Geflüchteten? Und letztlich, wie erfüllen die verschiedenen politischen Ebenen die Integrationsleistungen, die zu erbringen sind?

Die Auseinandersetzung mit Fragen der notwendigen interkulturellen Kompetenz von Fachkräften in der Kommunikation mit Geflüchteten erfordert zunächst die Beschäftigung mit den Begriffen Kultur und interkulturelle Kompetenz. Der Kulturbegriff als gesellschaftspolitisch aufgeladener Begriff ist in der Alltagspresse häufig vertreten, wenn es um die Erklärung von Konflikten und ethnischen Auseinandersetzungen geht. Debatten um die Zugehörigkeit von Bevölkerungsgruppen werden hierbei mit einer eher starren Erklärungsdimension geführt. Daher gilt es, einen dynamischen Kulturbegriff in Vorbereitung der interkulturellen Kompetenz als Querschnittskompetenz von Sozialarbeiter/innen, Lehrer/innen und weiteren pädagogischen Fachkräften zu entwickeln.

Im Anschluss daran liegt der Schwerpunkt der Betrachtung auf der schulischen Integration der geflüchteten Kinder und Jugendlichen sowie den damit verbundenen bildungspolitischen und fachkräftebezogenen Herausforderungen.

3.1.2 Kultur und Interkulturalität

Kultur ist im Alltagsverständnis „eine Art von Großkollektiven, deren [...] Synonyme ‚Länder‘, ‚Gesellschaften‘, ‚Staaten‘, ‚Völker‘ oder ‚Nationen‘ sind" (Leiprecht 2004, S. 9). Kulturen werden in solch einem Verständnis als homogene und statische Gruppen verstanden, deren einzelne Mitglieder durch ihre Zugehörigkeit bestimmte psycho-soziale Eigenschaften und Fähigkeiten zeigen und in ihrem Denken, Fühlen und Handeln determiniert sind. Thomas (1988, S. 53) spricht von einem für eine Gesellschaft, eine Organisation oder eine Gruppe typischen Orientierungssystem (einschließlich deren „Kulturstandards"), das von den Mitgliedern einer Kultur als normal, selbstverständlich, typisch und verbindlich angesehen wird sowie das Wahrnehmen, Denken, Bewerten und Handeln ihrer Mitglieder beeinflusst. Kultur kann daher als ein Repertoire von Bedeutungsmustern und Zeichensystemen (Werte, Normen, Regeln, Rituale, wiederkehrende Abläufe, Glaubensvorstellungen usw.) verstanden werden, das Gruppen und Einzelnen eine Orientierungsfunktion bietet, und das als besondere Lebensweise charakterisiert werden kann (Leiprecht 2004, S. 10-11).

Dieser eher statischen Beschreibung des Kulturbegriffs stehen Definitionen und Auseinandersetzungen gegenüber, die eine dynamischere Perspektive einnehmen. So wird der Hervorhebung einer Kultur als normative und globale Instanz die Heterogenität und Pluralität vieler Kulturen gegenübergestellt. Kulturvergleiche und die Reflexivität einer Kultur öffnen den Blick auf Unzulänglichkeiten der eigenen Kultur (Lüddemann 2010). Die Auseinandersetzung mit der eigenen Kultur erfordert ein Festhalten daran, was das Individuum wahrnimmt, und die gleichzeitige Feststellung, dass es in verschiedenen Alltagskulturen und Lebenszusammenhängen unterwegs ist.

Gefragt werden kann bei dieser Auseinandersetzung danach, ob andere Kulturen vielleicht bessere Problemlösungen als die eigene bieten, z. B. im Umgang mit Tod und Trauer – Starre und Kampf mit den Tränen versus lautes Klagen und offenes Zeigen von Trauer als Bewältigungsmuster. Aus den verschiedenen Betrachtungen lässt sich ableiten, dass Kulturen als lebende Gebilde zu begreifen sind, die permanente Veränderungsprozesse durchlaufen. Individuen greifen bestehende kulturelle Muster auf, entwickeln diese weiter oder gehen in Opposition dazu. Damit werden Menschen nicht nur beeinflusst, sondern transformieren aktiv kulturelle Bedeutungsmuster.

An verschiedenen Orten entwickeln sich kulturelle Lebenswelten als transnationale Identitäten. Dabei sind kulturelle und nationale Identitäten vom Raum entkoppelt. Seit einigen Jahren hat sich der Begriff „hybride Identität" etabliert, der ausdrückt, dass Menschen auf intrapersonaler Ebene unterschiedliche kulturelle, religiöse, ethnische und sexuelle Zugehörigkeiten aushandeln müssen und dass dies nicht als Defizit, sondern als Anpassungsleistung zu sehen ist (Foroutan 2013).

Die Auseinandersetzung mit Kultur als Strategie, über das Kennenlernen von fremden Kulturen Vorurteile abzubauen, birgt eine kulturalisierende Perspektive in sich. Kulturalisierung meint hier, dass Differenzen anhand kultureller Zuschreibungen erklärt werden. So wirft die Frage nach der Herkunft einer Person bereits eine Dichotomie zwischen der als anders definierten Person und einem Wir als Vertreter/innen der Mehrheitsgesellschaft auf. Damit besteht die Gefahr, dass Menschen mit Migrationshintergrund als eine homogene und durch kulturelle Einflüsse gesteuerte Gruppe wahrgenommen werden.

Für die Praxis der Sozialen Arbeit und der Lehrkräfte lässt sich ableiten, dass Individuen durch ihren kulturellen Kontext nicht festgelegt und somit keine Marionetten sind. Das Wissen über die kulturelle Herkunft von Zielgruppen mit Migrationshintergrund und kulturelle Standards in einer Bevölkerungsgruppe ersetzt nicht die Auseinandersetzung mit dem Individuum sowie seinem individuellen Denken und Handeln, denn hybride Identitäten sind der Normalfall.

3.1.3 Interkulturelle Kompetenz als Querschnittsqualifikation

Aufbauend auf das vorherige Kapitel folgt nun die Auseinandersetzung mit interkultureller Kompetenz als Querschnittsqualifikation in der Sozialen und schulpädagogischen Arbeit.

Für den Einstieg kann Interkulturalität definiert werden als der „ganze Komplex der Kommunikation und Interaktion zwischen verschiedenen Kulturen" (ZIS 2017). In den meisten Publikationen jedoch werden Interkulturalität und interkulturelle Kompetenz synonym verwendet bzw. wird Letzterer mehr Beachtung geschenkt.

Interkulturelle Kompetenz muss in Zeiten der Entwicklung Deutschlands zu einer Einwanderungsgesellschaft und ihrer politischen Akzeptanz als Voraussetzung für die professionelle Soziale Arbeit gesehen werden. Betroffen sind jedoch nicht nur die professionell Handelnden, sondern auch die Institutionen, Verwaltungen und Unternehmen, deren interkulturelle Öffnung zunehmend notwendig wird.

Nach Rathje erfordert interkulturelle Kompetenz die Fähigkeit, in interkulturellen Interaktionen eine fehlende Normalität und Kohäsionen, d. h. ein sozialverträgliches Gefüge zu erzeugen (Rathje 2006, S. 17). Interkulturelle Kompetenz führt demnach dazu, dass Differenzen analysiert und überwunden werden. Überwunden werden muss das selektive Sehen – wir sehen, was wir sehen wollen. Verzerrungen entstehen durch Stereotype und Vorurteile, die dazu führen, dass Eigenschaftszuschreibungen an Gruppen vorgenommen werden und implizite Persönlichkeitstheorien entworfen werden. Die Gefahr der Projektion zeigt sich darin, dass andere für die eigenen Unzulänglichkeiten verantwortlich gemacht werden.

Interkulturelle Kompetenz im Sinne einer Vielfaltskompetenz als Fähigkeit der organisatorischen und individuellen Bewältigung von sich ständig wandelnden Anforderungen und Aufgaben erfordert eine Reihe von Fähigkeiten. Dazu gehören die Fähigkeit zum Perspektivwechsel und der Umgang mit Ambivalenz, weiterhin die Ambiguitätstoleranz, die das Aushalten von Ungewissheit und Uneindeutigkeit erfordert, und nicht zuletzt (selbst-)reflektives Handeln.

Leenen et al. (2013) bieten hierzu eine Übersicht an, die von allgemeinen Persönlichkeitseigenschaften über soziale Kompetenzen zu spezifischen und kulturallgemeinen Kompetenzen Konkretisierungen bietet (vgl. Abb. 3.1).

Tab. 3.1 Vier Bereiche „Interkultureller Kompetenzen"

Interkulturell relevante allg. Persönlichkeitseigenschaften z. B.	Interkulturell relevante soziale Kompetenzen z. B.	Spezifische Kulturkompetenzen z. B.	Kulturallgemeine Kompetenzen z. B.
Belastbarkeit Unsicherheits- und Ambiguitätstoleranz Kognitive Flexibilität Emotionale Elastizität Personale Autonomie	Selbstbezogen: Differenzierte Selbstwahrnehmung Realistische Selbsteinschätzung Fähigkeit zum Identitätsmanagement Partnerbezogen: Fähigkeit zur Rollen- & Perspektivenübernahme Interaktionsbezogen: Fähigkeit, wechselseitig befriedigende Beziehungen aufzunehmen und zu erhalten	Sprachkompetenz Interkulturelle Vorerfahrungen Spezielles Deutungswissen	Wissen bzw. Bewusstsein von der generellen Kulturabhängigkeit des Denkens, Deutens und Handelns Vertrautheit mit Mechanismen der interkulturellen Kommunikation Vertrautheit mit Akkulturationsvorgängen Wissen über allgemeine Kulturdifferenzen und ihre Bedeutung

Quelle: nach Leenen et al. 2013, S. 115

Diskurse der Interkulturalitätsforschung stellen die Frage, ob interkulturelle Kompetenz definiert werden kann, ohne gleichzeitig zu einer Kulturalisierung beizutragen. Es wird die These vertreten, dass Konflikte in der Einwanderungsgesellschaft nicht durch kulturelle Differenzen verursacht sind, sondern durch soziale Ungleichheiten und Ausgrenzungen. So besteht die Gefahr der Stereotypisierung von Personen als Mitglieder einer Ethnie bzw. Nation, um Konflikte zu erklären. Interkulturelle Kompetenzkonzepte können daher als verkürztes Instrumentarium zur Vermeidung interkultureller Konflikte gesehen werden (Leenen et al. 2013). Trotz aller Kritik scheint es vor allem für die Soziale und schulpädagogische Arbeit unumgänglich, sich mit interkultureller Kompetenz auf Basis eines dynamischen Konzepts interkultureller Interaktion zu befassen. Voraussetzung ist die Annahme, dass a) Kommunikation Produktion von Kultur ohne klare Grenzziehung bedeutet, b) Interaktionspartner durch kulturelle Zugehörigkeiten zwar beeinflusst, jedoch nicht festgelegt werden und c), dass sich Individuen zwischen verschiedenen

3.1 Interkulturalität und Bildung

Bedeutungssystemen bewegen. Letztlich ist die interkulturelle Kompetenz von Organisationen unter die Lupe zu nehmen, da interkulturelle Handlungsansätze institutionellen Rahmenbedingungen mit eigenen Logiken unterliegen.

Eine dynamische Betrachtung des interkulturellen Kommunikationsprozesses sieht Interkulturalität als Prozess des Aushandelns gemeinsamer Interaktionsregeln mit Experimentierfreude und Interaktionsparadoxien. Beziehungen zwischen zwei Personen können gleichzeitig durch Interkulturalität im Sinne einer unvertrauten Vielfalt und durch Kulturalität als vertrauter Vielfalt charakterisiert sein (Auernheimer 2010, S. 60, zit. n. Bolten 2014, S. 102).

Eine gelungene interkulturelle Kommunikation zeigt sich in gemeinsamen Suchstrategien, die fortwährend verfolgt werden, und in der Akzeptanz des Fremden als Voraussetzung für Verständigungshandeln (Leenen et al. 2013). Interkulturelle Kompetenz ist somit keine losgelöste Zusatzkompetenz, sondern eine Querschnittsqualifikation für viele Bereiche und Situationen Sozialer und schulpädagogischer Arbeit.

Interkulturelle Handlungsansätze unterliegen institutionellen Rahmenbedingungen mit eigenen Logiken, weshalb die Entwicklung interkultureller Kompetenz nicht nur auf der individuellen, sondern auch auf der organisationalen Ebene zur Herstellung von Nachhaltigkeit notwendig ist. Die Entwicklung interkultureller Kompetenz in Organisationen muss als Anpassungsleistung an eine zunehmend multikulturelle Gesellschaft erfolgen. Eine offene Lernkultur in den Organisationen, Verwaltungen, Wirtschafts- und Dienstleistungsbetrieben ist die Voraussetzung für die Entwicklung interkultureller Kompetenz. Überprüft werden kann dies anhand der folgenden Fragen:

- Gibt es Anzeichen diskriminierender Praktiken in der Organisation?
- Gibt es Probleme, die als interkulturell definiert werden?
- Beschäftigen die Organisationen Mitarbeiter/innen mit Migrationshintergrund und welche Perspektiven bringen diese auf Alltagspraxen ein?
- Welchen Stellenwert haben unterschiedliche Sichtweisen, wie werden diese bewertet und wie wird das Wissen darüber kommuniziert? (Leenen et al. 2013, S. 119)

Letztlich ist die Interkulturelle Kompetenz in Organisationen komplex und die bewusste Wahrnehmung von Problemlagen eine Voraussetzung für Veränderung. Sie stellt die Lernfähigkeit von Organisationen auf die Probe. Dies zeigt sich auch in Institutionen wie z. B. Schulen, in denen das Lernen eine hohe Agenda hat.

Bildungsinstitutionen, insbesondere Schulen, sind durch eine hohe Vielfalt und Heterogenität der Schüler/innenschaft gekennzeichnet. Gleichzeitig kann eine Defizitorientierung bei der Ursachenbeschreibung von ungleichen Bildungsergebnissen, die kulturalisierend und individualisierend wirkt, festgestellt werden. Oftmals werden mangelnde Sprachkompetenzen, Erziehungsdefizite oder Anpassungsschwierigkeiten der Schüler/innen als Ursachen mangelnden Bildungserfolgs benannt und die Analyse der Unzulänglichkeit sowohl der Bildungsinstitutionen als auch der Bildungspolitik kommt zu kurz. Thematisiert wird weniger die unzureichende Ressourcenausstattung in Schulen und Kindertagesstätten als die Herausforderungen durch eine heterogene Schüler/innenschaft – verstärkt durch die geflüchteten Kinder und Jugendlichen. Erziehungsberechtigte werden als Störfaktor wahrgenommen und es erfolgt ein nur schwerfälliger Umgang mit den Herausforderungen (Leiprecht 2008).

Baur und Krüger (2018) zeigen in ihrer empirischen Studie in Niedersachsen und Berlin auf, dass die Leistungsanforderungen in der Schule die Perspektive der Fachkräfte auf die Schüler/innen beeinflusst und somit Bildungsungleichheit verstärkt wird: „Schule bringt Differenz auf verschiedenen Ebenen hervor und trägt zu ihrer Reproduktion bei, indem Fachkräfte im Spannungsfeld von Selektion, Homogenisierung, individueller Förderung und Integration handeln" (Baur & Krüger 2018, S. 360). Bei dem Blick auf die Schüler/innen werden Zuschreibungen vorgenommen, die ihre Sprache, kulturelle bzw. nationale und soziale Herkunft oftmals in Zusammenhang mit Geschlecht und Religion thematisieren, wie folgender Interviewauszug verdeutlicht:

„[...] also wenn ich merke dass da so ein Überflieger da ist und er meint er kommt aus Albanien und ich bin ganz stolz (.) weil ich aus Albanien bin und muss nicht lernen (.) weil ich ja ein stolzer Mann bin und trallala als wenn so Machoverhalten da ist (.) da halte ich dann dagegen aber richtig dolle und da bin ich auch im Einzelgespräch sehr deutlich also das mache ich nur im Einzelgespräch (.) das mache ich nicht in der Gruppe [I: mhm] so das ist nun diese Arbeit / dieser Arbeitsalltag den ich habe (.) das gilt bei Mädels übrigens genauso (.) da gibt es auch so ne die einen tragen Schleier gut das ist nun eine besondere Problematik [...]" (Interview N-A, Sequenz 133). (Baur & Krüger 2018, S. 356)

Im Interviewmaterial zeigt sich, dass Lehrkräfte im Vergleich mit den Sozialarbeiter/innen eher zu starren Zuschreibungen tendieren. Dies mag an den unterschiedlichen Aufgabenbereichen beider Berufsgruppen liegen, mit einem höheren Druck bei den Lehrkräften, Bildungserfolge zu erzielen. Oftmals gibt es parallel zu diesen Perspektiven dekonstruierende Argumente, die das Verhalten von Schüler/innen mit Migrationshintergrund in pubertätsspezifische Problematiken einordnet oder gar eine kritische Reflexion der Fachkräfte über die eigene Sichtweise hervorhebt.

> „[…] mein Stichwort dazu war halt diese Überformung die bei uns stattfindet dass wir also ne ganz von den Schülern aus gesehen einfach ne weiße Mittelschichtslehrerschaft haben und dass wir von den Lehrern aus gesehen ne arabisch-türkische Schülerschaft aus sozialschwachen Verhältnissen (.) und das wird halt oft nicht gesehen […] und da steht dann eine Lehrerin vor der Klasse […] und sagt ja ich als Deutsche und ihr als Muslime (2) und (.) blendet halt ganz viel dabei aus und das ist was was es immer und immer wieder gibt […]" (Interview K-B, Sequenz 204). (Baur & Krüger 2018, S. 358)

Die Verstärkung der dekonstruierenden Sicht kann damit als Voraussetzung für interkulturelle Sensibilität im professionellen Handeln der Lehrkräfte und weiterer pädagogischer Fachkräfte gesehen werden.

Otto et al. (2017) weisen in ihrer Studie zur interkulturellen Kompetenz von Lehrkräften darauf hin, dass bei der untersuchten Gruppe oftmals Defizite im Wissen über und Umgang mit Schüler/innen aus anderen Herkunftskulturen festzustellen sind. Erfahrungen mit Schüler/innen mit Migrationshintergrund werden häufig nicht systematisch reflektiert. Daher plädieren sie für eine Verankerung interkultureller Erfahrungen in allen Phasen der Lehrkräfteausbildung mit einem kontinuierlichen Austausch zwischen den Fachkräften, um das eigenreflexive Handeln zu stärken (Otto et al. 2017, S. 82).

Das nächste Kapitel befasst sich mit den strukturellen Bedingungen für die Bildungs- und Integrationschancen der Schüler/innen mit Migrationshintergrund und mit Fluchtbiografien.

3.1.4 Integration durch Bildung – sozialräumliche und schulische Segregation

Bereits die Ergebnisse der internationalen PISA-Studie (Programme for International Students Assessment) und der IGLU-Studie (Internationale Grundschul-Leseuntersuchung) zu Beginn der 2000er Jahre verdeutlichten, dass in Deutschland schulischer Erfolg so eng wie in keinem anderen der Teilnehmerländer an die soziale Herkunft geknüpft ist. Als besonders bildungsbenachteiligt stellte sich die Gruppe der Schüler/innen mit Migrationshintergrund aus sozioökonomisch benachteiligten Verhältnissen heraus, deren Herkunftssprache nicht Deutsch war. Diese Schüler/innen konnten nur ungenügend lesen, schreiben und rechnen, obwohl die meisten entweder in Deutschland geboren waren oder ihre Schulbildung in Deutschland durchlaufen haben.

3.1.4.1 Ethnische und soziale Segregation in deutschen Schulen

Aus der stadt- und bildungssoziologischen Perspektive werden Differenzierungen als Segregationsprozesse definiert und damit als Ungleichverteilung sozialer Gruppen im geografischen Raum (Häußermann & Siebel 2004). Segregation zeigt sich zum einen als sozialer Prozess, bei dem sich Räume hinsichtlich sozialstruktureller Merkmale (Einkommen, Bildungsniveau), demografischer Merkmale (Geschlecht, Alter, Stellung im Lebenszyklus, Nationalität, Haushaltstypus) oder kultureller Merkmale (Religion oder Ethnizität) entmischen (Farwick 2012, S. 381). Zugleich ist Segregation das Resultat dieses Prozesses und beschreibt den Zustand der Ungleichverteilung von bestimmten Bevölkerungskategorien über räumliche Einheiten, z. B. eine Stadt und deren Teilgebiete oder Institutionen wie etwa Schulen (vgl. hierzu Kapitel 4.1.4.)

Ein Zusammenhang zwischen städtischen Segregationsprozessen und dem Bildungserfolg von Schüler/innen mit Migrationshintergrund wird empirisch sichtbar, denn Schulen spiegeln die soziale Situation des Quartiers in großstädtischen Ballungszentren in verschärfter Form wider. Es bilden sich von Armut geprägte Schulen heraus, die zudem einen hohen Anteil an Schüler/innen mit Migrationshintergrund beschulen.

Am Beispiel Berlin haben mehr als 275 Schulen, d. h. mehr als 40 % der öffentlichen Schulen und wenige in privater Trägerschaft, einen Anteil von über 50 % an Schüler/innen, die von der Zuzahlung zu Lernmitteln befreit sind (Senatsverwaltung für Bildung, Jugend und Familie 2017). Dabei liegt der Anteil der Schüler/innen mit Migrationshintergrund (bzw. nicht-deutscher Herkunftssprache) im Schnitt bei 40 %, an manchen Schulen bei knapp 100 %. Aufgrund der bereits jahrelangen Dauer der Problemlagen – ein Rückgang der Anzahl der seit 2003 erfassten lernmittelbefreiten Schüler/innen war bisher nie zu verzeichnen – kann von einer Verfestigung von Armut, Bildungsferne und Sprachproblemen ausgegangen werden.

3.1.4.2 Dimensionen der Bildungsbenachteiligung

Bildung bestimmt über individuelle Lebenschancen und gesellschaftliche Teilhabe, da Arbeitgeber/innen in der Regel auf Bewerber/innen mit dem höchstmöglichen Bildungsabschluss zurückgreifen. Damit sind für den beruflichen Einstieg und das Fortkommen Bildungszertifikate unabdingbar. Diese bestimmen zudem über die Verteilung materieller Ressourcen und Chancen kultureller Partizipation.

Vor allem die internationalen Schulleistungsstudien PISA und IGLU haben gezeigt, dass es eine ungleiche Verteilung der Bildungsabschlüsse nach sozialer Herkunft und Staatsangehörigkeit gibt. Primäre Herkunftseffekte (Erfolgswahrscheinlichkeit in Abhängigkeit vom sozialen Status) und sekundäre Herkunftseffekte (elterliche Bildungsentscheidungen nach sozialer Herkunft) erzeugen nach Boudon eine soziale Ungleichheit der Bildungschancen (1974, zit. n. Becker & Lauterbach 2016, S. 11-12). So ist die Gymnasialempfehlung der Lehrkräfte für ein Kind, dessen Eltern beide in Deutschland geboren sind 2,29-mal so hoch wie für ein Kind mit im Ausland geborenen Eltern (Stubbe et al. 2012, S. 222). Schüler/innen mit Migrationshintergrund sind somit doppelt benachteiligt, da ihnen oftmals die schulische und familiäre Unterstützung fehlt, um eine höhere Bildungslaufbahn einzuschlagen (Baur & Häußermann 2009, S. 356; Solga & Wagner 2016).

Insbesondere Schulen, in denen ein großer Anteil sozial benachteiligter Schüler/innen konzentriert ist, zeigen sich als benachteiligende Institutionen, deren institutionelles Handeln kein Ausgleich zu den Folgen von Armut und Diskriminierung darstellt. Die in Deutschland stratifizierte Schulstruktur befördert eine „herkunftsabhängige Kanalisierung" von Schüler/innen im Schulsystem (Solga & Wagner 2016, S. 222).

Letztlich ist eine institutionelle Diskriminierung am Beispiel der Schullaufbahnempfehlungen belegbar (Gomolla & Radtke 2009). Bildungsbenachteiligung führt am Ende der Bildungslaufbahn zu einem ungleichen Zugang zum Ausbildungs- und Arbeitsmarkt und damit zu reduzierten Perspektiven auf gesellschaftliche Teilhabe (Baur 2013; Solga & Menze 2013). So kann von einer mehrfachen Diskriminierung der Schüler/innen über die Schulzeit hinweg bis zur mangelnden Einmündung ins Ausbildungssystem ausgegangen werden.

Die zentralen bildungs- und arbeitsmarktpolitischen Aufgaben der Integration durch Bildung zeigen Dynamiken auf, die mit gesamtstädtischen Wanderungsprozessen zusammenhängen. Gemeint ist die residentielle Segregation, die in einem unmittelbaren Zusammenhang mit der Segregation in Bildungsinstitutionen – vor allem Kindertagesstätten und Schulen – steht. Gesamtstädtisch sind wachsende ökonomische, soziale und räumliche Ungleichheiten festzustellen, die sich als soziale Differenzierungen im urbanen Raum und seinen Institutionen zeigen. Soziale Monitorings benennen dies als soziale Spaltung der Stadt (Senatsverwaltung für Stadtentwicklung 2009).

Ein weiteres Ergebnis der Bildungsstudien PISA, IGLU und der VERA-Leistungsstudien (Lernstand in den dritten und achten Klassen *aller* allgemeinbildenden Schulen und Klassen in Deutschland) ist die Koppelung der Bildungsergebnisse an die im Elternhaus überwiegend gesprochene Sprache. So zeigt sich am Beispiel der VERA-Leistungsergebnisse in Berlin unter Beteiligung von 24.000 Grundschüler/innen der dritten Klasse, dass beim Schreiben 60 % der Schüler/innen nicht-deutscher Herkunftssprache unter dem Mindeststandard der Vorgaben der Kultusministerkonferenz liegen, während sich nur 40 % der Schüler/innen deutscher Herkunftssprache in diesem Problembereich befinden. An dieser Stelle sei erwähnt, dass die Erhebung der Herkunftssprache auf mündlicher Auskunft beruht, d. h., die Eltern geben die überwiegend zu Hause gesprochene Sprache an. Damit ist nicht der Migrationshintergrund oder die Staatsbürgerschaft die vergleichbare Größe, sondern der Anteil der Verwendung der deutschen Sprache im Elternhaus. Inwiefern diese Ergebnisse Effekten der sozialen und ethnischen Zusammensetzung der Schüler/innenschaft geschuldet sind, ist bisher eine Forschungslücke. Bisherige Forschungsergebnisse geben jedoch einen Hinweis darauf, dass die soziale und ethnische Zusammensetzung an Schulen und Schulklassen eine Auswirkung auf den Bildungserfolg der Schüler/innen hat. Es gibt empirische Hinweise darauf, dass es in benachteiligten Quartieren mit vielfältigen Problemlagen, wie oben bei dem Beispiel der schulischen Zusammensetzung in Berlin, eine Verfestigung von Armut, Bildungsferne und Sprachproblemen an den Bildungsinstitutionen gibt (Baur 2013).

Geflüchtete Schüler/innen werden überdurchschnittlich häufig an segregierten Schulen beschult und sind dort dem Risiko ausgesetzt, weder entsprechend ihrem Leistungsstand noch entsprechend ihren spezifischen Bedarfen (Sprachförderung, Bearbeitung der Traumata, individuelle Förderung) behandelt zu werden. Es gilt herauszuarbeiten, welche Handlungsspielräume und -notwendigkeiten für pädagogische Fachkräfte und insbesondere für Sozialarbeiter/innen bestehen.

Aktuelle Studien zu der Bildungsintegration von ca. 130.000 geflüchteten Kindern und Jugendlichen in Deutschland greifen mehrere Aspekte der seit fast zwei Jahrzehnten nachgewiesenen Bildungsbenachteiligung von Schüler/innen mit Migrationshintergrund auf. Dazu gehören die Unterbringung der Schüler/innen an ohnehin sozial und ethnisch segregierten Schulen mit einem unterdurchschnittlichen Leistungsniveau, die mangelnde Vorbereitung des schulischen Personals auf eine heterogene Schüler/innenschaft mit teilweise traumatischen Belastungen und die Separation der Schüler/innen in Vorbereitungsklassen (SVR-Forschungsbereich 2018). Die in der Studie beschriebene unzureichende Kooperation im Kollegium an Schulen, inklusive dem geringen Austausch an Unterrichtsmaterialien und die mangelnde gemeinsame Planung, erlauben es, Handlungsansätze zur Verbesserung der Bildungschancen der Kinder und Jugendlichen abzuleiten, auf die im letzten Teil des Kapitels eingegangen wird.

Bereits in den 1970er Jahren wurde die Möglichkeit der Bildung von Ausländerregelklassen vom Kultusministerium beschlossen (KMK 1976). Karakyali et al. (2017) fassen in ihrer Berliner Studie die historische Kontinuität der separierten Beschulung von den Ausländerregelklassen bis zu den Vorbereitungsklassen, beispielsweise genannt „Willkommensklassen" (Berlin) oder „Sprachlernklassen" (Niedersachsen), als wiederholendes Muster zusammen: „Kinder werden aufgrund mangelnder Deutschkenntnisse sowie einer unterstellten mangelnden kulturellen Passfähigkeit für nicht beschulbar im Regelbetrieb erklärt und die Ausgestaltung

3.1 Interkulturalität und Bildung

der getrennten Beschulung erfolgt weitgehend konzeptionslos" (Karakyali et al. 2017, S. 231). Deutschlandweit gibt es unterschiedliche Modelle der Beschulung der Geflüchteten, die a) eine gemeinsame Beschulung mit einheimischen Jugendlichen und zusätzliche Sprachförderung, b) eine getrennte Beschulung mit einzelnen gemeinsamen Schulstunden mit einheimischen Jugendlichen (Sport, Kunst, Englisch) oder c) einen völlig getrennten Unterricht mit einem Übergang in eine Regelklasse nach 1 bis 2 Jahren vorsehen (SVR-Forschungsbereich 2018, S. 23). Vor allem bei der völligen Separierung in Form von Sprachförderklassen (Niedersachsen) oder Willkommensklassen (Berlin) liegt die Schwäche im fehlenden Übergangsmanagement zwischen Vorbereitungs- und Regelklasse. Moniert werden hohe Niveau- und Altersunterschiede, ein Mangel an entwickelten Curricula und an individuellen Förderkonzepten. Die Verteilung auf weiterführende Schulen erfolgt bei Schulplatzmangel häufig unabhängig vom individuellen Leistungsstand auf Hauptschulen, Realschulen, Gymnasien und weitere Schulformen. Weiterhin ist die Datenerhebung über neuankommende Schüler/innen lückenhaft (Bogumil 2017, S. 62-63).

Das Schulbesuchsrecht für die Geflüchteten im Schulalter gilt ab dem ersten Tag der Einreise, allerdings gibt es unterschiedliche Regelungen in den Bundesländern zur Schulpflicht. So beeinflussen die Dauer des Aufenthalts und Unterbringungsform die Schulpflicht in den Bundesländern folgendermaßen:

- 3-6 Monate nach Einreise (BY, TH, BW),
- Erst nach Zuweisung der Geflüchteten an die Kommune (NI, BB, HE, MVP, NRW u. a.)
- Sofort nach der Einreise (BE, HB, HH, SH, SL, SN)

Damit kann von einer erheblichen Verzögerung der Schulpflicht ausgegangen werden, zumal mangelnde Platzkapazitäten zusätzliche Einschränkungen mit sich bringen.

Weitere Erschwernisse beim Schulbesuch zeigen sich für Kinder ohne sichere Bleibeperspektive und Jugendliche ab 16 Jahren, für die keine Schulpflicht besteht und somit kein regelhaftes Angebot geschaffen wird. Letztere haben teilweise seit Jahren keine Schulbildung mehr erfahren, manche sogar niemals eine Schule besucht, und die Integration in Ausbildung und Beruf in Deutschland wird ohne ein entsprechendes Angebot erheblich und langfristig erschwert.

Bereits 2017 monierte der Sachverständigenrat deutscher Stiftungen für Integration und Migration in seinem Jahresgutachten, dass bei der Zuteilung von Schulplätzen für Geflüchtete keine Berücksichtigung von Segregationstendenzen an den Schulen erfolge (SVR-Sachverständigenrat 2017, S. 130). In der aktuellen Studie des Forschungsbereichs des SVR wird immerhin deutlich, dass in den Städten

Berlin, Hamburg und Dortmund die Verteilung der Schüler/innen im bundesweiten Vergleich weniger auf segregierte Schulen erfolgt (SVR-Forschungsbereich 2018). Handlungsempfehlungen zur Verbesserung der Bildungssituation von geflüchteten Kindern und Jugendlichen fokussieren überwiegend die institutionellen, kommunal- und bildungspolitischen Defizite bei der Ressourcenausstattung und der Qualifikation des Lehrpersonals:

- Sprachbildung und -förderung sowie der sensible Umgang mit kultureller Vielfalt in der Lehrer/innenausbildung und -weiterbildung;
- Bedarfsgerechte Ressourcenausstattung an segregierten Schulen unter Nutzung kleinräumiger Schul- und Sozialraumdaten;
- Vermeidung schulischer Segregation, um ungleichheitsverstärkende Effekte der Segregation auszugleichen (SVR-Forschungsbereich 2018, S. 32-36).

Tatsächlich bieten diese Handlungsempfehlungen wenig neue Impulse im Vergleich zu den vergangenen Analysen zur Situation von bildungsbenachteiligten Schüler/innen mit Migrationshintergrund durch schulische und sozialräumliche Segregation.

3.1.5 Schule als sicherer Ort – die Rolle der multiprofessionellen Kooperationen

Die Rolle der schulischen Sozialarbeit bei der Integration der geflüchteten Schüler/innen und der Umsetzung des Rechts auf Bildung ist bisher wenig beleuchtet worden. Bogumil et al. (2017, S. 63) heben hervor, dass Eltern und Schüler/innen einen niedrigschwelligen Zugang zu Schulsozialarbeiter/innen im Vergleich zu Lehrer/innen und dem Fachpersonal der Jugendhilfe finden. Demzufolge zeigt sich die Notwendigkeit der Vernetzung zwischen Schulsozialarbeit, den Lehrkräften und weiterem pädagogischem Personal in der Schule, den Kindertagesstätten und weiterführenden Schulen, dem Jugendamt und der psychosozialen Versorgung. Schulze und Spindler (2017) befassen sich mit der Herausforderung des Themas Flucht für die Soziale Arbeit in der Schule unter dem Begriff „Schule als sicherer Ort". Ausgehend von der Annahme, dass Kinder und Jugendliche Trauma- und Fluchterfahrungen verarbeiten müssen, dazu das Wohnen in Not- oder Gemeinschaftsunterkünften zusätzliche Belastungen (Lärm, mangelnde Privatsphäre, Spannungen und Gewalt, teilweise keine Möglichkeit der Selbstversorgung mit der Zubereitung von Speisen usw.) mit sich bringt, ist die Schule ein Ort alltäglicher Lebensführung, die Stabilität bieten kann und muss. Schule ist somit „in ihrer Bedeutung als sozialer Ort aufgerufen, [...] an dem Gemeinschaft stattfindet,

Sinngebung und Routinen etabliert werden" (Schulze & Spindler 2017, S. 251). Und dies, obwohl die aufenthaltsrechtlich unsichere Situation der neu zugewanderten Schüler/innen den Schulalltag erschwerend begleitet.

Soziale Arbeit kann hier sowohl im Rahmen des Unterrichts (in Kooperation mit den Lehrkräften) als auch in außerunterrichtlichen, non-formalen Settings, die insbesondere an Ganztagsschulen geboten werden, einen Beitrag zur Bildungsteilhabe und Stabilisierung der geflüchteten Kinder und Jugendlichen leisten. Multiprofessionelle Teams aus Lehrkräften, Schulsozialarbeiter/innen, Erzieher/innen und weiterem pädagogischen Personal, die zunehmend an (Ganztags-)Schulen zu finden sind, eröffnen die Chance der Kooperation nach innen wie auch nach außen mit außerschulischen Partnern. Die Auseinandersetzung mit exkludierenden Tendenzen sowohl in der Migrations- und Aufenthaltspolitik (z. B. Asylgesetz) als auch in bildungspolitisch vorgegebenen Strukturen (z. B. Beschulungsformen) sollte im multiprofessionellen Handeln in Schulen Beachtung finden und in die Schulentwicklung eingehen.

Allerdings weist Baur (2019) darauf hin, dass die multiprofessionellen Kooperationen in Schulen oftmals durch strukturelle Hindernisse, wie z. B. unterschiedliche Anstellungsverhältnisse der verschiedenen Fachkräfte eingeschränkt werden. Obwohl viele Bundesländer die Kooperationen der Schulen mit der Jugendhilfe und weiteren Partnern in den Schulgesetzen verankert haben, nehmen die verschiedenen Professionen in den Schulen die multiprofessionellen Kooperationen unterschiedlich wahr. Dabei kann ein hierarchisches Gefälle in Bezug auf die Anstellungsverhältnisse festgestellt werden, welches die Qualität der Kooperationen beeinflusst. So stoßen beispielsweise befristete Projekte mit Kooperationspartnern auf wenig Interesse bei den Lehrkräften, da keine personelle Kontinuität und inhaltliche Verzahnung mit dem Unterrichtsgeschehen zu erwarten ist (Baur 2019, S. 31-34).

Für die Entwicklung einer Schule als sicheren Ort stehen demnach noch einige bildungspolitische Herausforderungen an.

Literatur

Baur, C. (2013). *Schule, Stadtteil, Bildungschancen. Wie ethnische und soziale Segregation Schüler/-innen mit Migrationshintergrund benachteiligt*. Bielefeld: Transcript.
Baur, C. (2019). Schulischer Alltag zwischen Kooperation und Konflikt. In C. Baur, C. Krüger & F. Homuth (Hrsg.), Professionen in Schule – zwischen Kooperation und Konflikt (S. 24-35). Dokumentation der Fachtagung vom 07.06.2018. Ostfalia Hochschule für angewandte Wissenschaften – Hochschule Braunschweig/Wolfenbüttel: https://www.

ostfalia.de/cms/de/s/.content/Dokumente-fuer-Fakultaet-Soziale-Arbeit/19Tagungsband_Professionen_Baur_Ostfalia-1.pdf. Zugegriffen 18. Januar 2020.
Baur, C., & Häußermann, H. (2009). Ethnische Segregation in deutschen Schulen. *Leviathan 37(3)*: 353-366.
Baur, C., & Krüger, C. (2018). Konstruktion von Zugehörigkeit im schulischen Alltag – die Sicht der Professionen auf Schülerinnen und Schüler mit Migrationshintergrund. *Migration und Soziale Arbeit* 4: 353-361.
Becker, R., & Lauterbach, W. (Hrsg.). (2016). *Bildung als Privileg. Erklärungen und Befunde zu den Ursachen der Bildungsungleichheit.* Wiesbaden: Springer VS.
Bogumil, J., Hafner, J., & Kastilan, A. (2017). *Städte und Gemeinden in der Flüchtlingspolitik. Welche Probleme gibt es und wie kann man sie lösen?* Essen: Stiftung Mercator. https://www.stiftung-mercator.de/media/downloads/3_Publikationen/2017/August/Stiftung_Mercator_Studie_Verwaltungshandeln_Fluechtlingspolitik.pdf. Zugegriffen: 14. Juli 2019.
Bolten, J. (2014). „Kultur" kommt von colere: Ein Plädoyer für einen holistischen, nicht-linearen Kulturbegriff. In E. Jammal (Hrsg.), *Kultur und Interkulturalität.* (S. 85-108). Wiesbaden: Springer VS.
Farwick, A. (2012). Segregation. In F. Eckardt (Hrsg.), *Handbuch Stadtsoziologie* (S. 381-419). Wiesbaden: Springer VS.
Foroutan, N. (2013). Hybride Identitäten. Normalisierung, Konfliktfaktor und Ressource in postmigrantischen Gesellschaften. In H. U. Brinkmann & H. Uslucan (Hrsg.), *Dabeisein und Dazugehören* (S. 85-99). Wiesbaden: Springer VS.
Gomolla, Mechtild; Radtke, Frank-Olaf (2009): Institutionelle Diskriminierung. Die Herstellung ethnischer Differenz in der Schule. 3. Aufl. Wiesbaden: VS Verlag für Sozialwissenschaften.
Häußermann, H., & Siebel, W. (2004). *Stadtsoziologie. Eine Einführung.* Frankfurt am Main: Campus.
Karakyali, J., zur Nieden, B., & Kahveci, Ç. (2017). Die Kontinuität der Separation. Vorbereitungsklassen für neu zugewanderte Kinder und Jugendliche. *DDS, 109(3)*: 223-235.
KMK – Kultusministerkonferenz (1976). *Vereinbarung „Unterricht für Kinder ausländischer Arbeitnehmer". Beschluss der Kultusministerkonferenz vom 08.04.1976.* Bonn.
Leenen, W. R., Groß, A., & Grosch, H. (2013). Interkulturelle Kompetenz in der Sozialen Arbeit. In G. Auernheimer (Hrsg.), *Interkulturelle Kompetenz und pädagogische Professionalität.* 4., durchges. Aufl. (S. 105-126). Wiesbaden: Springer VS.
Leiprecht, R. (2004). *Kultur – Was ist das eigentlich?* Arbeitspapiere IBKM No. 7 Carl von Ossietzky Universität Oldenburg.
Leiprecht, R. (2008). Diversity Education und Interkulturalität in der Sozialen Arbeit. *Sozial Extra 32*(11-12): 15-19.
Lüddemann, S. (2010). *Kultur. Eine Einführung.* Wiesbaden: Springer VS.
Otto, J., Migas, K., Järvinen, H., & Burghoff, M. (2017). Interkulturelle Kompetenz von Lehrkräften. Mythos, Trend oder pädagogische Notwendigkeit? In N. McElvany, W. Bos, H. G. Holtappels & A. Jungermann (Hrsg.), *Ankommen in der Schule. Chancen und Herausforderungen bei der Integration von Kindern und Jugendlichen mit Fluchterfahrung* (S. 69-85). Münster: Waxmann.
Rathje, S. (2006). Interkulturelle Kompetenz – Zustand und Zukunft eines umstrittenen Konzepts. *Zeitschrift für Interkulturellen Fremdsprachenunterricht 11*(3): 1-21.
Schulze, E., & Spindler, S. (2017). Schule als sicherer Ort. Flucht als Herausforderung für Soziale Arbeit in der Schule. *Die Deutsche Schule 109*(3): 248-259.

Senatsverwaltung für Stadtentwicklung (2009). *Monitoring Soziale Stadtentwicklung 2009: Fortschreibung für den Zeitraum 2007-2008.* Berlin.
Senatsverwaltung für Bildung, Jugend und Familie (2017). *Mitteilung – zur Kenntnisnahme – über Umsetzung der Maßnahmen für Schulen im Bonus-Programm.* Drs. 17/2600 (II.B.52). Berlin.
Solga, H., & Menze, L. (2013). Der Zugang zur Ausbildung: Wie integrationsfähig ist das deutsche Berufsbildungssystem? *WSI Mitteilungen* (1): 5–14.
Solga, H., & Wagner, S. (2016). Die Zurückgelassenen – die soziale Verarmung der Lernumwelt von Hauptschülerinnen und Hauptschülern. In R. Becker & W. Lauterbach (Hrsg.), *Bildung als Privileg: Erklärungen und Befunde zu den Ursachen der Bildungsungleichheit* (S. 221--252). Wiesbaden: Springer VS.
Stubbe, T. C., Bos, W., & Eugen, B. (2012). Der Übergang von der Primar- in die Sekundarstufe. In W. Bos, I. Tarelli, A. Bremerich-Vos & K. Schwippert (Hrsg.), *IGLU 2011. Lesekompetenzen von Grundschulkindern in Deutschland im internationalen Vergleich* (S. 209-226). Münster: Waxmann.
SVR-Forschungsbereich – Forschungsbereich beim Sachverständigenrat deutscher Stiftungen für Integration und Migration (2018). *Schule als Sackgasse? Jugendliche Flüchtlinge an segregierten Schulen.* Berlin.
SVR-Sachverständigenrat deutscher Stiftungen für Integration und Migration (2017). *Chancen in der Krise: Zur Zukunft der Flüchtlingspolitik in Deutschland und Europa.* Jahresgutachten 2017, Berlin.
Thomas, A. (1988). Untersuchungen zur Entwicklung eines interkulturellen Handlungstrainings in der Managerausbildung. *Psychologische Beiträge 30*(1-2): 147-165.
Zentrum für Interkulturelle Studien Mainz [ZIS] (2017). *Interkulturalität.* http://www.zis.uni-mainz.de/106.php. Zugegriffen: 18. März 2018.

3.2 Interkulturelle Kommunikation
Karl-Heinz Gröpler

Zusammenfassung

Die Arbeit mit Menschen mit Migrationsbiografie und insbesondere mit Geflüchteten verlangt von den beteiligten Fachkräften interkulturelle Kompetenzen, die den Beratungsprozess tragen. Entsprechend werden Kulturen als Konstrukte der Wirklichkeiten näher betrachtet, menschliche Kommunikation und Paradoxien untersucht und, davon abgeleitet, Folgerungen für Haltung und Möglichkeiten in der interkulturellen Kommunikation aufgezeigt.

Hierfür werden in diesem Beitrag Kultur als Programmierung, das Erleben und Abgleichen von Wirklichkeiten in unterschiedlichen Kulturen und Grundprobleme menschlicher Kommunikation basierend auf den Axiomen Watzlawicks dargestellt.

Lernziele

Das Ziel ist die Herausarbeitung der Anforderungen an die interkulturelle beraterische Haltung, am Beispiel des Kommunikationsquadrats, und geeigneter systemischer Beratungstechniken.

Schlüsselbegriffe

Migration, Interkulturelle Kommunikation, Kommunalität, Kultur als Konstruktion, Kommunikationsquadrat, Systemische Beratung

3.2.1 Einführung

„Du kennst mich doch, ich hab' nichts gegen Fremde. Einige meiner besten Freunde sind Fremde. Aber diese Fremden da sind nicht von hier!" Methusalix (Goscinny & Uderzo: Asterix Band 21, *Das Geschenk Cäsars*, S. (16)

Dieses drollige Zitat führt uns zum Grundproblem der Fremdheit - diese kann nur weichen, wenn wir unser Gegenüber verstehen und kennenlernen. Zum Grundproblem des „Nicht-Verstehens als Normalzustand" kommen in der Beratung von Menschen mit Migrationsbiografie weitere Unterschiede in der jeweiligen kulturellen Prägung. Welcher interkulturellen Kompetenzen bedürfen Fachkräfte in der Migrations- und Fluchtarbeit, damit eine gelingende koproduktive Beratung möglich wird?

Einführend werden Hofstedes Kulturdimensionen als Konstrukte der Wirklichkeiten im ersten Kapitel näher betrachtet. Herausforderungen der menschlichen Kommunikation, die von universeller Natur sind, werden ausgehend von den Axiomen Watzlawicks untersucht. Davon abgeleitet werden am Beispiel des Kommunikationsquadrats erste Haltungen und Strategien der interkulturellen Kommunikation vermittelt. Für den Einsatz in der Praxis werden systemische Beratungstechniken hervorgehoben, die in der Migrationsberatung von Vorteil sind.

3.2.2 Kultur als Programmierung

Hofstede vergleicht Kultur mit einer mentalen Programmierung, die sich aus dem sozialen Umfeld und den Lebenserfahrungen bildet, die uns seit der Kindheit prägen. Diese früh verfestigten Denk-, Fühl- und Handlungsmuster können nicht einfach abgelegt werden. Kultur als kollektives Phänomen bildet sich aus sozialen Spielregeln des gemeinsamen sozialen Umfelds (Hofstede & Hofstede 2009, S. 3-4). Kultur ist eine von Menschen geschaffene historische Errungenschaft, die nicht naturgegeben ist und somit auch keine Einordnung in normal, falsch oder richtig erlaubt (Kumbier & Schulz v. Thun 2016, S. 10). Kultur (Musik, Kunst, Tanz) liegt uns nicht im Blut, sie „ist erlernt und nicht angeboren. Sie leitet sich aus unserem sozialen Umfeld ab, nicht aus unseren Genen" (Hofstede & Hofstede 2009, S. 4).

Hofstede und Hofstede stellen drei Ebenen dar, die prägend sind:

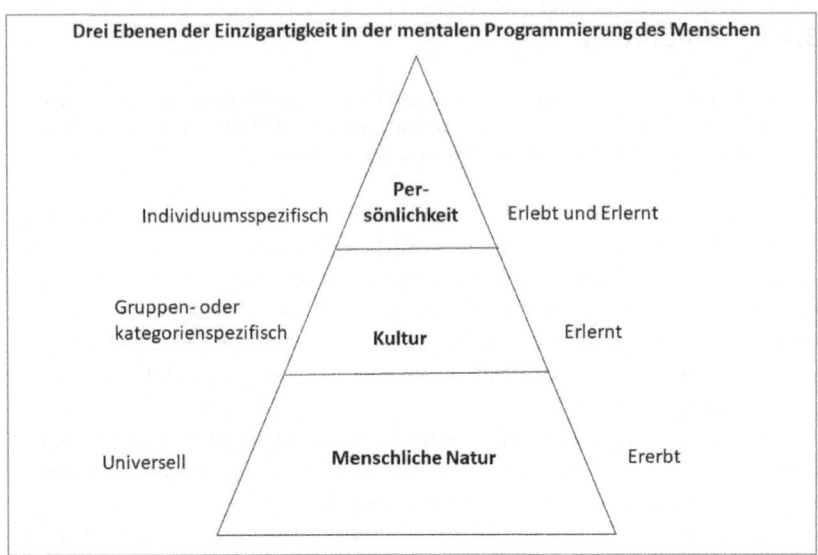

Abb. 3.2 Drei Ebenen der Einzigartigkeit
Quelle: Eigene Darstellung, nach Hofstede & Hofstede 2009, S. 4

Kultur reproduziert sich, wandelt sich, stellt Werte infrage, ist vielfältig und unterliegt Veränderungen, sie beinhaltet „Religion, Volkszugehörigkeit, Familienwerte, familiäre Zusammensetzung, Sitten, Werte und Überzeugungen" (Berg & Kelly 2001, S. 378).

Basierend auf Studien zur kulturvergleichenden Forschung haben Hofstede und Hofstede (2009) fünf Dimensionen zur Charakterisierung von Kulturen formuliert (Schlippe et al. 2004, S. 31–36; Lüsebrink 2016, S. 25–29).

Kulturdimensionen nach Hofstede

1. Machtdistanz – Machtgefälle/Machtunterschiedstoleranz

Machtunterschiede werden in unterschiedlichen Kulturen anders wahrgenommen und toleriert. In arabischen, südostasiatischen und vielen lateinamerikanischen Ländern werden ungleiche und hierarchische Machtverteilungen in der Schule, am Arbeitsplatz oder in der Staatsverwaltung selbstverständlicher akzeptiert. In anderen Ländern stehen Gleichberechtigung und Gleichwertigkeit im Fokus und damit verbunden die Minimierung von ungleicher Machtverteilung. Österreich,

3.2 Interkulturelle Kommunikation

Israel, die skandinavischen Staaten und auch Deutschland gehören zu den Ländern mit einem niedrigen Machtdistanzwert (Schlippe et al. 2004, S. 31–36; Lüsebrink 2016, S. 25–29; Hofstede & Hofstede 2009, S. 51ff.).

2. Unsicherheitsvermeidung

Inwieweit werden ungewisse oder bisher unbekannte Situationen als bedrohlich erlebt? In Lateinamerika, den romanischen Ländern Europas sowie z. B. in Japan und Südkorea kann die hohe Unsicherheitsvermeidung eine Neigung zu Vorurteilen, Rigidität, Intoleranz oder Inakzeptanz fördern. In Kulturen mit einem niedrigen Unsicherheitsvermeidungsindex, wie z. B. den USA, Großbritannien, Irland, Schweden und Singapur, wird in neuen Situationen toleranter und gelassener gehandelt, was unter anderem Kreativität und Innovation verstärken kann (Schlippe et al. 2004, S. 31–36; Lüsebrink 2016, S. 25–29; Hofstede & Hofstede 2009, S. 228ff.).

3. Individualismus versus Kollektivismus

Mit dem Individualismusindex können unterschiedliche individualistische bzw. kollektivistische Dimensionen abgebildet werden. „Individualismus beschreibt Gesellschaften, in denen die Bindungen zwischen Individuen locker sind; man erwartet von jedem, dass er für sich selbst und für seine unmittelbare Familie sorgt. Sein Gegenstück, der Kollektivismus, beschreibt Gesellschaften, in denen der Mensch von Geburt an in starke, geschlossene Wir-Gruppen integriert ist, die ihn ein Leben lang schützen und dafür bedingungslose Loyalität verlangen" (Hofstede & Hofstede 2009, S. 102).

In kollektivistisch geprägten Kulturen, wie vielen lateinamerikanischen, afrikanischen und südostasiatischen Ländern, ordnet sich das Individuum dem Kollektiv unter. Eheschließungen oder unternehmerische Entscheidungen unterliegen einem stärkeren Gruppenzwang. In westlichen Industrieländern mit einem höheren Individualismusindex (USA, Australien, Großbritannien und Dänemark) besteht eine höhere Eigenverantwortlichkeit, Selbstverantwortung und Autonomie. Auch die verbale Kommunikation ist in individualistischen Kulturen stärker gewichtet als in kollektiven Kulturen, wo auch ein einfaches Beisammensein ein emotionales Grundbedürfnis erfüllen kann (Schlippe et al. 2004, S. 31–36; Lüsebrink 2016, S. 25–29; Hofstede & Hofstede 2009, S. 99ff.).

4. Maskulinität – Femininität als Kulturdimension

Maskulinität in einer Gesellschaft zeigt sich in einer starken Abgrenzung der Geschlechter und ihrer Rollen. Der Fokus liegt auf einem maskulinen Wertesystem, geprägt durch Unabhängigkeit, Selbstbehauptung und Wettbewerb. Die Aufgaben und Rollen bilden in femininen Gesellschaften eine größere Schnittmenge, mit einer stärkeren Achtung von femininen Werten wie Bescheidenheit, Sensibilität und dem Bemühen um Lebensqualität. In einer maskulinen Gesellschaft, z. B. in Japan, Österreich und Italien, wäre ein Unternehmen stärker von einem bestimmenden und aggressiven Führungsstil geprägt. In den femininen Kulturen der Niederlande und Skandinaviens wäre der Umgang stärker auf Konsens und Kooperation ausgelegt (Schlippe et al. 2004, S. 31–36; Lüsebrink 2016, S. 25-29; Hofstede & Hofstede 2009, S. 159ff.).

5. Langfristige und kurzfristige Orientierung

Das pragmatische Regelwerk des Gelehrten Konfuzius aus dem fünften Jahrhundert vor Christus ist prägend für die chinesische Kultur und veranlasste Hofstede, diese Werte auch auf andere Länder vergleichend zu übertragen.

In vielen westlichen Industriestaaten steht im subjektiven Mittelpunkt die kurzfristige Orientierung, also das schnelle Erreichen von Zielen und ermöglicht damit eine Anpassung an aktuelle Anforderungen. Eine stärkere Wertschätzung der bestehenden Kultur kennzeichnet eine langfristige Orientierung, wie in ostasiatischen Gesellschaften, die auf Ausdauer, Sparsamkeit und Beharrlichkeit gründen und die Zukunftssicherung als wichtiger erachten (Schlippe et al. 2004, S. 31–36; Lüsebrink 2016, S. 25-29, Hofstede & Hofstede 2009, S. 289ff.).

Eine hohe Kommunalität, eine große Übereinstimmung kultureller Gemeinsamkeiten, reduziert Missverständnisse und gibt emotionale Sicherheit (Kumbier & Schulz v. Thun 2016, S. 9). Unterschiede in den Dimensionen verlangen eine bewusste Annäherung an die andere Programmierung.

3.2.3 Das Erleben und Abgleichen von Wirklichkeiten in unterschiedlichen Kulturen

Wirklichkeit als Sprachkonstruktion

Erst mit der Beschreibung bzw. der Zuordnung von Dingen und Lebewesen kann die Wirklichkeit erfasst und vermittelt werden. Watzlawick (2009, S. 143) unterscheidet zwischen der Wirklichkeit erster Ordnung und der Wirklichkeit zweiter Ordnung. „[E]xperimentelle, wiederholbare und daher verifizierbare Nachweise" bilden die Wirklichkeit erster Ordnung, also die Überprüfung in wahr oder unwahr; also Gold oder nicht Gold. Die Wirklichkeit zweiter Ordnung zeigt sich z. B. in der Bedeutung und dem Wert des nachweisbaren physischen Metalles Gold. Es sind

3.2 Interkulturelle Kommunikation

Zuschreibungen, die von kulturellen Normen abhängen und in diesem Beispiel das Konstrukt Finanzgeschäft bilden (Watzlawick 2009, S. 143).

Diese für die jeweilige Kultur kennzeichnenden Bedeutungen werden über die Sprache transportiert. „Da Sprache jeweils essenzieller Bestandteil einer Kultur ist, sind das Erleben und die Erfahrungen von Menschen, ihr Bewusstsein dessen, was ihre Wirklichkeit ist, also von dem jeweiligen kulturellen Hintergrund geprägt. Dieser wird in der Sprache scheinbar selbstverständlich vermittelt. In unterschiedlichen Kulturen (darüber hinaus auch zu unterschiedlichen Zeiten innerhalb einer Kultur) wird Sprache in so unterschiedlicher Weise verwendet, dass die Annahme, man ‚meine das Gleiche', zumindest als eine ‚kühne Hypothese' gelten kann" (Schlippe et al. 2004, S. 53).

Sprache kann Basis einer gemeinsamen Kultur sein, sie ist jedoch nicht gleichbedeutend mit Kultur. Die gleiche Sprache kann in verschiedenen Kulturen gesprochen werden oder es kann trotz unterschiedlicher Sprachen eine gemeinsame Kultur gelebt werden (Hegemann & Oestereich 2018, S. 19). Migration wird nicht nur an der tatsächlichen Einwanderung festgemacht, sondern häufig an erlebter Fremdheit z. B. durch mangelnde deutsche Sprachkenntnis (Hegemann & Oestereich 2018, S. 21). Menschen wird in der Regel ein Migrationshintergrund zugeschrieben, wenn sie selbst oder ihre Eltern nicht in Deutschland geboren sind.

Die Schwierigkeit, ohne Sprache Wirklichkeiten zweiter Ordnung abzugleichen, ist nicht mit einer wörtlichen Übersetzung aufgelöst. Der Philosoph Wittgenstein formuliert: „Jeder mögliche Satz ist rechtmäßig gebildet und wenn er keinen Sinn hat, so kann das nur daran liegen, daß wir einigen seiner Bestandteile keine Bedeutungen gegeben haben" (1963, S. 76). Metaphern, Redewendungen und Vergleiche, die eine lebendige Sprache ausmachen, ermöglichen das Teilen von Situationen, Gefühlen oder Humor und sind oft passender als direkte Beschreibungen. Da Idiome sich in den verschiedenen Sprachen unterscheiden, können sie nicht ohne vertiefte Sprachkenntnisse in der Beratung oder im Gespräch genutzt werden.

Die deutsche Redewendung „zwischen den Stühlen zu sitzen", um mit diesem Bild das Dilemma der unklaren Zugehörigkeit bzw. von Loyalitätskonflikten darzustellen, würde z. B. in England nicht funktionieren, weil die Entsprechung dort „to sit on the fence", also „auf dem Zaun sitzen" lauten würde (Heuber 2002, S. 16).

Auch bei einer gemeinsamen Sprache und (scheinbar) ähnlichen kulturellen Prägungen können selbst einzelne Begriffe einen Sachinhalt komplett verändern. Das Wort „ausrasten" steht in Deutschland für einen folgenreichen emotionalen Ausbruch, in Österreich ist „ausrasten" gebräuchlich im Sinne von Rast machen – also einem erholsamen Ausruhen.

Es gibt auf der Welt unzählige Formen, sich zu begrüßen, Freude oder Trauer zu zeigen, sich zu setzen, zu stehen oder den richtigen Zeitpunkt zu finden. Auch der richtige Abstand gegenüber fremden Personen divergiert kulturell und kann zu Missverständnissen führen. Eine Armlänge ist in Westeuropa und Nordamerika üblich, während in Lateinamerika und Südeuropa eine kürzere Distanz ausreicht. Eine Alltagssituation kann somit Verwirrung auslösen, weil eine der Personen die für sie angenehme Distanz auf eine Armlänge herstellen möchte und die andere diese dann unterschreitet (Watzlawick 2009, S. 17).

Respekt kann in manchen Kulturen durch einen offenen Blick und Augenkontakt gezeigt werden. Es kann aber in anderen Regionen und kulturellen Kontexten auch das Senken des Blicks und die Vermeidung des Blickkontakts ein Zeichen des Respekts sein.

3.2.3.1 Wieso ist Kommunikation in der Regel von Missverstehen geprägt?

Der Begriff Kommunikation (lat. *communicatio* = Mitteilung) bildet alles ab, was in irgendeiner Weise mit der Verständigung von mindestens zwei Menschen zusammenhängt.

Grundbedingungen der Kommunikation

„In Gegenwart eines Zweiten ist alles Verhalten kommunikativ", Watzlawick und Beavin (1980, S. 97) meinen damit alle Inhalte, die dyadisch bzw. interpersonell von der Stimme oder mit dem Körper ausgetauscht werden (Watzlawick & Beavin 1980, S. 97). Kommunikation ist somit nicht nur auf Stimme und Sprache reduziert, sondern „Kommunikationen werden auf vielen Kanälen und Kombinationen dieser Kanäle ausgetauscht und auch mittels des Kontextes, in dem eine Interaktion stattfindet" (Watzlawick & Beavin 1980, S. 98).

Watzlawick erklärt, dass die Kommunikation zwischen zwei Individuen von der gegenwärtigen Situation und Beziehung, also dem „Jetzt und Hier" abhängt, und weniger von Ursachen in der Vergangenheit (Watzlawick 2017, S. 53). Er unterscheidet Kommunikation in Mitteilung (Message) und in Interaktion. Bei der Interaktion gibt es wechselseitige Mitteilungen zwischen mehreren Personen (Watzlawick 2017, S. 58).

Kommunikation ist kein einfaches Modell von Aktion und Reaktion, sondern eine reziproker (wechselseitiger) Prozess (Watzlawick & Beavin 1980, S. 96-97). Der Informationstransfer zwischen Sender und Empfänger bedarf eines Signals, als eine kodierte (verschlüsselte) Nachricht, die zudem über einen „rauschenden" Kanal gesendet wird, und so z. B. Übertragungsfehlern, Fehlübersetzungen und Missverständnissen ausgesetzt ist. Die Umwandlung in eine Information kann nur im Menschen durchgeführt werden (Foerster & Pörksen 2016, S. 97-98).

3.2 Interkulturelle Kommunikation

Watzlawicks Axiome

Watzlawick hat fünf Grundsätze (Axiome) formuliert, die heute in fast allen Bereichen von Therapie und Beratung ihre Beachtung finden.

Erstes Axiom: Da jedes Verhalten in Gegenwart einer anderen Person kommunikativ ist, leitet sich ein metakommunikatives Axiom ab: „Man kann nicht nicht kommunizieren" (Watzlawick 2017, S. 60). Kommunikation umfasst also mehr als Worte und sprachähnliche oder betonende Ausdrucksformen, wie Tonfall, Sprachtempo, Pausen, Seufzen oder Lachen. Auch die Sprache des Körpers, Haltung und Ausdruck sind zu beachten. Die Art und Weise, wie ein Raum betreten, ein Sitzplatz im Bus ausgewählt wird, das Weggucken, Lächeln oder das Augenrollen, alles enthält kommunikative Signale, wie ein Gespräch (Watzlawick 2017, S. 58-59).

Zweites Axiom: „Jede Kommunikation hat einen Inhalts- und einen Beziehungsaspekt, derart, dass letzterer den ersteren bestimmt und daher eine Metakommunikation ist" (Watzlawick 2017, S. 64.). Bei der Unterhaltung zwischen zwei Freundinnen über den Wert einer Halskette kann die Aussage über die Echtheit der Perlen zum einen Informationen über das Objekt, also die Halskette, enthalten und zum anderen auch etwas über die Beziehung der beiden Frauen sagen. Je nach Kontext, Tonfall, Mimik oder begleitender Gestik kann Freundlichkeit, Neid oder Bewunderung mitschwingen.

Drittes Axiom: „Die Natur einer Beziehung ist durch die Interpunktion der Kommunikationsabläufe seitens der Partner bedingt" (Watzlawick 2017, S. 69). Watzlawick unterscheidet zwischen technischen linearen Kausalketten, also einer „Ereignis a führt zu Ereignis b"-Logik, und einer Kreisförmigkeit der menschlichen Kommunikationsabläufe, die wie eine Rückkopplung weder Anfang noch Ende hat. Die Benennung eines Anfangs oder einer Ursache ist somit willkürlich (Watzlawick 2017, S. 54).

In der Kommunikation zwischen Individuen werden Mitteilungen ausgetauscht, und zwar in einer ununterbrochenen Folge. Wenn die Versuchsratte meint, sie habe den Versuchsleiter so abgerichtet, dass er ihr jedes Mal, wenn sie den Hebel drückt, etwas zu fressen gibt, so ist dies ihre Interpunktion in der Bewertung eines Versuchsaufbaus um Reiz und Verstärkung (Watzlawick 2017, S. 65-66).

Bei der Interpunktion wird die Kontinuität des Kreises, der aus wechselnden Mitteilungen besteht, von einer Blickrichtung aus unterbrochen und von dieser Warte aus nach Ursache und Wirkung bewertet. Bei der Betrachtung eines Beziehungskonflikts zwischen Ehemann und Ehefrau wird eine Wechselwirkung von Nörgelei und Rückzug beobachtet, die in den Vorwurf bzw. in die Selbstverteidigung mündet: „Ich meide dich, weil du nörgelst" und „Ich nörgle, weil du mich meidest". Die jeweilige willkürliche Interpunktion als Sicht des Ehemanns bzw. der Ehefrau erklärt das eigene Verhalten durch das vermeintliche Fehlverhalten des anderen (Watzlawick 2017, S. 67).

Viertes Axiom: „Menschliche Kommunikation bedient sich digitaler und analoger Modalitäten. Digitale Kommunikationen haben eine komplexe und vielseitige logische Syntax [Ordnung], aber eine auf dem Gebiet der Beziehungen unzulängliche Semantik [Bedeutung]. Analoge Kommunikationen dagegen besitzen dieses semantische Potenzial, ermangeln aber der für eindeutige Kommunikationen erforderlichen logischen Syntax" (Watzlawick 2017, S. 78).

Signale werden im Nervensystem zwischen Neuronen elektrochemisch übermittelt, und auch wenn es sich auf den ersten Blick um eine Alles-oder-nichts-Übermittlung handelt, ist es keine tatsächliche digitale Kommunikation, sondern nur eine analoge Übersetzung der Information. Auch in Rechnern wird mit dem Alles-oder-nichts-Prinzip gearbeitet, wobei aber auch schon die Zuordnung zu einer Zahl genauso willkürlich ist wie eine Telefonnummer zur dazugehörigen Person. In der menschlichen Kommunikation können Objekte als Analogie (Zeichnung, Modell ...) dargestellt werden oder digital – mittels eines Namens, der willkürlich oder zufällig gewählt wurde und deshalb Verwendung findet, weil es hierüber eine Übereinkunft gibt, welche Bedeutung mit diesem Wort verbunden wird (Watzlawick 2017, S. 70-71).

Watzlawick erläutert den Unterschied zwischen digitaler und analoger Kommunikation: „dass bloßes [...] Hören einer unbekannten Sprache, z. B. im Radio, niemals zum Verstehen dieser Sprache führen kann, während sich oft recht weit gehend Informationen relativ leicht aus der Beobachtung von Zeichensprachen und allgemeinen Ausdrucksgebärden ableiten lassen, selbst wenn die sie verwendende Person einer fremden Kultur angehört" (Watzlawick 2017, S. 72). Die Übermittlung von Wissen über viele Generationen gelang über sprachliche digitale Kommunikation, während viele Bereiche des menschlichen Lebens, wie Partnerschaft und Freundschaft und der Umgang mit kleinen Kindern, von einer analogen Kommunikation geprägt werden. Hier ist ein aufmunterndes Lächeln vielleicht manchmal wichtiger als viele Worte des Trosts (Watzlawick 2017, S. 73).

Watzlawick geht davon aus, „dass der Inhaltsaspekt digital übermittelt wird, der Beziehungsaspekt dagegen vorwiegend analoger Natur ist." (Watzlawick 2017, S. 74). Im Gegensatz zur digitalen Mitteilung, die eine Wenn-dann- bzw. Entweder-oder-Logik besitzt, haben die meist intuitiven analogen Mitteilungen Doppelbedeutungen, deren Widerspruch bei uns als Sender oder Empfänger zu Übersetzungsproblemen führt. So können Tränen Freude oder Schmerz ausdrücken, ein Lächeln Verachtung, aber auch Sympathie (Watzlawick 2017, S. 76).

Fünftes Axiom: „Zwischenmenschliche Kommunikationsabläufe sind entweder symmetrisch oder komplementär, je nachdem, ob die Beziehung zwischen den

Partnern auf Gleichheit oder Unterschiedlichkeit beruht" (Watzlawick 2017, S. 81). Verhalten sich Partner/innen in einer Beziehung spiegelbildlich in ihrer Interaktion, so definiert Watzlawick diese Form als symmetrisch. Die komplementäre Beziehung bildet sich durch eine Zweiteilung in den Positionen, einer übergeordneten, also primären Stellung, und einer untergeordneten, also sekundären Stellung, ab. Diese Beziehungen sind vom kulturellen Kontext abhängig; Mutter und Kind, Arzt/Ärztin und Patient/in oder Lehrer/in und Schüler/in. Dieses ist nicht gleichzusetzen mit einer Wertung in stark/schwach oder gut/schlecht (Watzlawick 2017, S. 81).

Auch wenn Watzlawick betont, dass seine Formulierungen zur Metakommunikation nur einen Versuch darstellen, so besitzen sie eine handlungsbezogene Bedeutung in Therapie und Beratung und sind daher im Allgemeinen, aber auch gerade bezogen auf interkulturelle Kommunikation, wichtig und nützlich.

3.2.3.2 Grundprobleme menschlicher Kommunikation – am Beispiel des Kommunikationsquadrats

Angelehnt an Watzlawicks Axiome differenziert Schulz von Thun den Inhalts-bzw. Beziehungsaspekt der Kommunikation zwischen Sender/in und Empfänger/in in seinem Kommunikationsquadrat unter der Beachtung der vier Seiten einer Botschaft. Eine Seite bildet der Sachinhalt: über welche Sache informiere ich. Eine weitere Seite gehört der Selbstoffenbarung (in späteren Werken Selbstkundgabe), in der z. B. Gedanken und innere Befindlichkeiten kundgegeben werden. Auch die Beziehung und das Verhältnis der Personen untereinander sind eine Seite der Botschaft; was sie vom Gegenüber halten und wie sie zueinanderstehen, ist Teil einer jeden Nachricht. Die vierte Seite des Kommunikationsquadrats ist der Appell. Die meisten Nachrichten sollen auf den Empfänger Einfluss ausüben, beinhalten einen Appell: wozu ich dich „veranlassen" möchte. Da eine Nachricht mehrere Botschaften enthält und diese bewusst oder unbewusst stetig mitgesendet werden, hebt Schulz von Thun hervor, dass es eine kommunikationspsychologische Lupe braucht, um das in diesem Modell vierseitige Botschaftsgeflecht zu entwirren (Schulz v. Thun 2009, S. 26–32). Er erläutert, dass alle vier Seiten einer Nachricht direkt, also ausdrücklich und somit explizit, formuliert werden können, oder aber dass in einer einseitigen Nachricht eine enthaltene, also implizite Botschaft mitschwingt.

Implizite Botschaften sind bei der Analyse einer Nachricht mindestens genauso zu beachten wie explizite Botschaften. Implizite Botschaften werden meist über nicht-sprachliche Kanäle gesendet. Auch wenn keine Sachbotschaft gesendet wird, so kann z. B. das Weinen meines Gegenübers bedeutende Botschaften enthalten. Mein Gegenüber könnte über sein Selbst offenbaren, dass es traurig ist, und könnte auf der Beziehungsebene eventuell einen Vorwurf formulieren, „so weit hast du mich gebracht", aber auch einen Appell senden, um Trost zu erhalten oder geschont zu werden.

Botschaften können auch nicht-sprachlich/nonverbal qualifizierend wirken. So kann Traurigkeit durch Körpersprache und Gesichtsausdruck unterstrichen werden. In diesem Fall würden sich die Botschaften stimmig ergänzen, kongruieren. Ein trauriges Gesicht, hängende Schultern und die verbale Aussage „Ich fühle mich prächtig" wären hingegen inkongruent, würden nicht zueinander passen. Kongruenz und Inkongruenz können in allen Bereichen der Kommunikation beobachtet und erlebt werden und entsprechend Stimmigkeit oder Irritation auslösen.

Auch auf der Empfängerseite gibt es ein Nachrichtenquadrat mit vier Ohren. Welche Botschaft von welchem Ohr stärker oder weniger selektiv wahrgenommen wird, ist die Freiheit des Empfängers (Schulz v. Thun 2009, S. 46).

Von Foerster vertritt ebenfalls die Auffassung, dass die Bedeutung einer Aussage nicht vom Sprechenden bestimmt wird: „Gewöhnlich glaubt man, dass der Sprecher festlegt, was Einsatz bedeutet, und der Hörer verstehen muß, was der Sprecher gesagt hat, aber das ist ein fundamentaler Irrtum. Der Hörer ist es, der die merkwürdigen Laute, die ich oder ein anderer mit Hilfe der eigenen Stimmlippen hervorrufen, interpretiert und ihnen einen bzw. seinen Sinn gibt" (Foerster & Pörksen 2016, S. 100).

Die vier Seiten des Empfangens

Das Sachohr, das stärker Sachinhalte heraushebt, ist bei Akademiker/innen besonders ausgeprägt und kann bei Themen, die im Zwischenmenschlichen zu finden sind, möglicherweise kontraproduktiv sein (Schulz v. Thun 2009, S. 55ff.).

Auch die Beziehungsseite hat „ein eigenes Ohr", das bei großer Empfindlichkeit alle Nachrichten und Verhaltensweisen auf die Persönlichkeit und das Verhältnis zur anderen Person bezieht und somit beziehungsneutrale Nachrichten überhört.

Ein ausgeprägtes Selbstoffenbarungs-/Selbstkundgabeohr, das stärker auf die Befindlichkeiten und Gedanken seines Gegenübers achtgibt, kann für die weitere Kommunikation konstruktiver sein als ein zu starkes Beziehungsohr, da die diagnostische (erkennende) Empfangsweise die Gefühlswelt des Gegenübers anerkennt. Ein übertriebenes diagnostisches Ohr könnte jedoch dazu führen, dass das Gegenüber nur noch zu einem Objekt wird, das beurteilt wird (Schulz v. Thun 2009, S. 55ff.).

Menschen mit einem übergroßen Appellohr werden als zuvorkommend wahrgenommen. Selbst unausgesprochene Wünsche werden erkannt und möglichst erfüllt. Allerdings verkümmert das Gefühl für die Selbstwahrnehmung und eigene Bedürfnisse.

Der Vater weist seinen Sohn daraufhin, dass es nur acht Grad sind und er an eine warme Jacke denken solle. Es beginnt ein Streit um die tatsächliche Temperatur

3.2 Interkulturelle Kommunikation

mit einer emotionalen Eskalation, an deren Ende der Sohn das Haus ohne warme Jacke verlässt. Wie in der Grafik zu erkennen ist, zeigt sich hinter dem Sachthema Witterung und richtige Kleidung ein Beziehungskonflikt in der Familie.

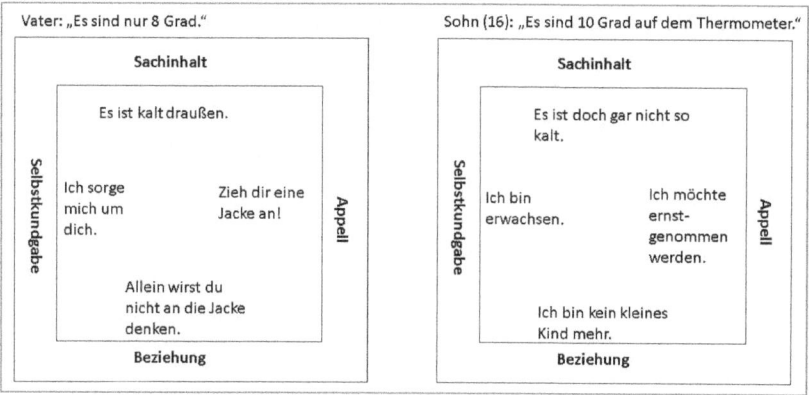

Abb. 3.3 Kommunikationsbeispiel „Vater/Sohn"
Quelle: Eigene Darstellung

Schulz von Thun weist daraufhin, dass Berater/innen nicht auf ein Rezept oder Prinzip bauen können. Jede Situation bedarf einer individuellen Lösung, sodass Meta-Rezepte und gedankliche Rahmenbildung für die Kommunikation nur „Starthilfe und gedankliches Geländer für eine sinnvolle eigene, unvermeidliche individuelle Suchbewegung" sein können (Pörksen & Schulz v. Thun 2016, S. 14). Er verspricht mit dem Kommunikationsquadrat kein Schema einer stets gelingenden Kommunikation, sondern verweist auf „den Zweck, die eigene Sensibilität zu steigern und im Bedarfs- und Konfliktfall die Analyse zu ermöglichen und das gerade Mitschwingende in Worte zu fassen" (Pörksen & Schulz v. Thun 2016, S. 33).

3.2.4 Das interkulturelle Kommunikationsquadrat

In der interkulturellen Kommunikation wird das Kommunikationsquadrat um die von Hofstede formulierten Dimensionen erweitert und um die von Hall und Hall (1990) formulierten kontextgebundenen (*high-context cultures*) und kontextungebundenen Kulturen (*low-context cultures*) ergänzt. In kontextgebundenen

Kulturen (z. B. romanisches Europa, Lateinamerika und Japan) leitet sich die Bedeutung bzw. der Sinn aus der impliziten, nonverbalen Kommunikation der Interaktionssituationen (Kontext) ab. In kontextungebundenen Kulturen ist eine stärker inhaltliche und explizitere Kommunikation prägend. Entsprechend wird z. B. in der Schweiz, Deutschland, Skandinavien und in den USA eine implizite bzw. nonverbale Verständigung weniger Beachtung finden als die direkte Ansprache (Lüsebrink 2016, S. 30).

Die indirekte Bitte eines Japaners, die angesprochene deutsche Nachbarin möge das störende Klavierspiel einschränken, kann aufgrund der gegensätzlichen high-context- und low-context-Prägung zu Missverständnissen führen (Rez et al. 2016, S. 52).

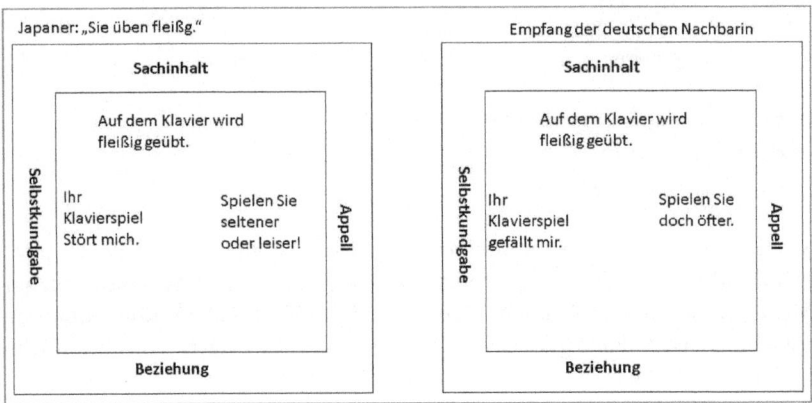

Abb. 3.4 Kulturelles Missverstehen
Quelle: Eigene Darstellung, nach Rez et al. 2016, S. 52

Monochrone und polychrone Kulturen

In vielen westeuropäischen monochronen Kulturen wird eine strenge Zeiteinteilung und Pünktlichkeit vorausgesetzt. Planungen sind seriell und strukturiert. Polychrone Kulturen orientieren sich weniger an strikten Zeitvorgaben. Sie vertrauen stärker auf die zwischenmenschlichen Beziehungen. In Lateinamerika und den romanischen Kulturen Europas sind Zeitplanungen beweglicher. Die Abläufe verlaufen teilweise parallel bzw. gleichzeitig und benötigen in polychronen Kulturen weniger straffe Strukturen (Lüsebrink 2016, S. 30).

Anforderungen an die interkulturelle beraterische Haltung
Der Forderung, dass Integration nur ein Auftrag für Menschen mit Migrationsbiografie ist, widerspricht Freise, „wenn Einheimische keinen tiefer gehenden Kontakt zu Menschen mit Migrationshintergrund haben, dann sind auch sie nicht in die von Vielfalt geprägte deutsche Gesellschaft integriert. Nur wenn sich Einheimische und Zugewanderte respektvoll begegnen und wenn sie das Gespräch miteinander suchen, kann Integration in die von Vielfalt geprägte Gesellschaft gelingen" (2017, S. 118). Nuss hebt hervor, dass ein Beratungssetting so zu gestalten ist, dass es für die Adressaten ein Heimspiel wird, dadurch dass sie als Expert/innen gesehen werden und die Beratenden ressourcenorientiert vorgehen und Andersartigkeit Respekt entgegenbringen (2019, S. 239). Hieraus leitet sich ein Auftrag an Haltung und Handlungen für die Soziale Arbeit ab.

Systemische Perspektive
Ausgehend von der Idee, dass Kulturen auch Konstruktionen sind, bietet sich eine systemische Perspektive an. „Konstruktivisten und Systemiker wird man daran erkennen, dass sie den Konstrukten der jeweils anderen Bedeutung zurechnen, dass sie nicht vorschnell alles nur aus ihrer Sicht vereinnahmen und im Sinne vorab entschiedener Bedeutung richten wollen" (Reich 2014, S. 38).

Statt ein Problem auf eine Person zu beziehen, wird in der systemischen Perspektive der Rahmen der Beziehungen beleuchtet (Ritscher 2007, S. 21). In der interkulturellen Arbeit bedeutet dies, die kulturellen Kontexte, in denen Menschen leben, einzubeziehen.

Berg und Kelly betrachten ebenfalls stärker im Sinne des Sozialen Konstruktivismus die Beziehung zwischen Sozialarbeit und Klient/innen (2001, S. 35-36). Sozialarbeiter/innen unterziehen die Klienten nicht mehr wie ein Objekt einer Diagnose und fokussieren und analysieren das Problem als Expert/innen, sondern nutzen die Kompetenzen ihrer Klienten bei der gemeinsamen Beurteilung, Behandlung und Erarbeitung einer gemeinsamen Lösung. Das Interesse gilt also nicht dem Sachverhalt, sondern den Ansichten aller Beteiligten zu diesem Sachverhalt. Hierzu können diese einzeln befragt werden oder jede Person kann gebeten werden „zu erzählen, welche Meinungen – ihrer Ansicht nach – die anderen zum Thema haben" (Palmowski 2014, S. 40).

Das beraterische Menschenbild aus der systemischen Sicht erklären Berg und Steiner (2009, S. 33) wie folgt: „Die Konzentration auf Gemeinsamkeiten gibt ein Gefühl der Einigkeit und bringt die Menschen zusammen. Unabhängig von kulturellen und ethnischen Unterschieden wollen grundsätzlich alle Menschen respektvoll behandelt, geschätzt und akzeptiert, geliebt und umsorgt werden. Sie wollen auch spüren, dass sie einen wichtigen Beitrag zur Gesellschaft leisten und dass ihre Wünsche und Sehnsüchte gehört und geachtet werden." Schlippe et al. (2004, S. 51) betonen, dass ein offener Zugang zu der anderen Kultur mit der „Grundhaltung einer respektvollen Neugier" ermöglicht wird.

3.2.4.1 Kulturelle Sensibilität

Kulturelle Sensibilität zeigt sich im Sinne von Berg und Kelly (2001, S. 61) in der Vermeidung von rassistischen, ethnischen Stereotypen, dem Respekt vor kulturellen, ethnischen und geistigen Unterschiedlichkeiten sowie in dem Bemühen, Informationen über Traditionen, Überzeugungen und Erziehungsmaßnahmen mithilfe des Familiensystems zu gewinnen.

Die Anamnesequalität (Informationssammlung) ist davon abhängig, „wie effektiv der betreffende Sozialarbeiter Geschichte und Kultur der Familie versteht und respektiert" (Berg & Kelly 2001, S. 378). Aus dieser Haltung heraus ist die „Familie selbst die wichtigste Informationsquelle über ihre einzigartigen Charakteristika, geschichtlichen Wurzeln und kulturellen Werte" (Berg & Kelly 2001, S. 378). Nuss (2019, S. 239) ergänzt zur fallspezifischen Arbeit, dass Berater/innen mit Migrationshintergrund sowie zusätzlichen interkulturellen und sprachlichen Qualifikationen stärker angefragt werden und leichter den Aufbau der notwendigen Vertrauensbasis schaffen.

3.2.4.2 Dialogische Grundhaltung

Das dialogische Prinzip gründet auf der Aussage Bubers, „der Mensch wird am Du zum Ich" (Buber & Casper 2009, S. 28) und beschreibt eine existentielle Begegnung von Menschen im „Hier und Jetzt", dessen Ansatz es ist, „sich mit den gleichwertigen, aber unterschiedlichen Beteiligten auf ein ‚gemeinsames Drittes' zu verständigen und somit verhandelte Grundlage zu gewinnen, auf der der nächste Arbeitsschritt aufbaut" (Spiegel 2011, S. 45).

Ambiguitätstoleranz

Der Umgang mit Unklarheiten und Widersprüchlichkeit in Situationen und Deutungen bedarf der Ambiguitätstoleranz. Sie bedeutet Akzeptanz der Unterschiedlichkeit von Wertsystemen und Lebensweisen unseres Gegenübers, gerade dann, wenn diese deutlich vom eigenen Ideal abweichen. Die Ambiguitätstoleranz endet allerdings bei Verstößen gegen Gebote der Menschlichkeit (Spiegel 2011, S. 100).

Metakommunikation – die Kommunikation über die Kommunikation

„Gute Metakommunikation verlangt in erster Linie einen vertieften Einblick in die eigene Innenwelt und den Mut zur Selbstoffenbarung" [Selbstkundgabe] (Schulz v. Thun 2009, S. 91). Entsprechend sollten Berater/innen „ihre Fähigkeiten üben, indem sie in Gesprächen zu beliebigen Zeitpunkten auf die Metaebene umsteigen, also das Gespräch als Gespräch thematisieren: darüber sprechen, wie das Gespräch jetzt verläuft, wieder den Rahmen klären, eventuell Blockierungen ansprechen. Sie sollten dann versuchen, ebenso rasch wieder den Faden des Gesprächs aufzunehmen. Sie erhöhen damit ihre Sicherheit und erweitern ihr Repertoire" (Pantuček 1998, S. 215).

3.2.5 Darstellung von geeigneten Verfahren in der interkulturellen Beratung

Techniken in der interkulturellen Beratung

Grundsätzlich ist die eingesetzte Technik den spezifischen Adressat/innen und ihren Zielen anzupassen. Die dargestellte Auswahl umfasst inzwischen „klassisch" gewordene Techniken, die eine hohe Verbreitung finden und entsprechend sicher eingesetzt werden.

Bei der interkulturellen Beratung ist die Einbeziehung einer dolmetschenden, kulturvermittelnden Person sehr hilfreich. Geeignet sind Personen, die nicht verwandt und damit emotional unabhängig sind und sicher in der jeweiligen Sprache und kulturellen Lebenswelt agieren können (Hegemann & Oesterreich 2018, S. 107).

3.2.5.1 Zirkuläre Fragen

Diese indirekten Fragen geben Informationen über das Verhältnis und die Beziehungen der Betroffenen. So ist es möglich, dass „Probleme aus einer linear-kausalen Sichtweise übertragen und eingebettet werden in den Kontext, in dem sie entstanden und in dem sie aufrechterhalten werden" (Palmowski 2014, S. 76).

Statt A nach seinen Erfahrungen im neuen Land direkt zu befragen, könnte auch ein Kind oder Partner von A seine Sichtweise beisteuern: „Was, glauben Sie, ist für Ihren Partner die größte Herausforderung in der neuen Heimat?" Durch zirkuläre Fragen können Beziehungsmuster, innere Landkarten und die Wechselwirkung von Ereignissen beleuchtet werden. „In interkultureller Therapie und Beratung fokussieren sie zusätzlich auch auf den Migrationsprozess und die kulturellen Unterschiede" (Hegemann & Oesterreich 2018, S. 76).

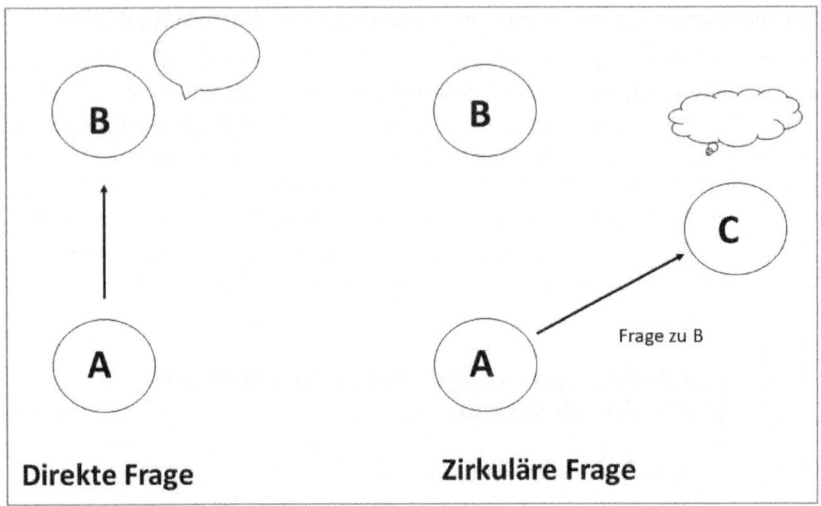

Abb. 3.5 Zirkuläre Fragen
Quelle: Eigene Darstellung

Genogramm

Die Darstellung der Herkunftsfamilie kann gerade in der interkulturellen Beratung über die Visualisierung in einem Genogramm, also einem Stammbaum zur universalen Nutzung in therapeutischen und beraterischen Kontexten, besser gelingen als in der Verschriftlichung eines Interviews. Abgebildet wird die Familie in der Regel über mind. zwei Generationen. Ein Quadrat steht für eine männliche Person, ein Kreis für eine weibliche Person. Die Person, die im Mittelpunkt der Beratung steht (Index-Patient), wird durch dicke Linien hervorgehoben, der Name, das Geburtsjahr und gegebenenfalls Sterbejahr über oder unter das Kästchen. Bei Paaren wird der Mann in der Regel (Ausnahmen: Patchworkfamilien, Neuverheiratungen etc.) links eingezeichnet und die Frau rechts; eine nicht formalisierte Lebensgemeinschaft erhält eine gestrichelte Linie, während eine Ehe eine durchgezogene Linie erhält, darüber einen Doppelring und das Jahr der Eheschließung. Geschwister werden nach Alter von links nach rechts auf eine Höhe gesetzt (Hegemann & Oestereich 2018, S. 78-79; Kellermann & Roedel 2014, S. 228-232).

Die Kernfamilie soll komplett erfasst werden. Ihre Vollständigkeit sollte über Nachfragen geprüft werden. Je nach ihrer Bedeutung für den Index-Patienten kann das Genogramm eventuell um Paten oder sogar Haustiere ergänzt werden.

3.2 Interkulturelle Kommunikation

Das Genogramm führt die Beziehungen zu allen Familienmitgliedern vor Ort, an anderen Orten und den Herkunftsländern vor Augen.

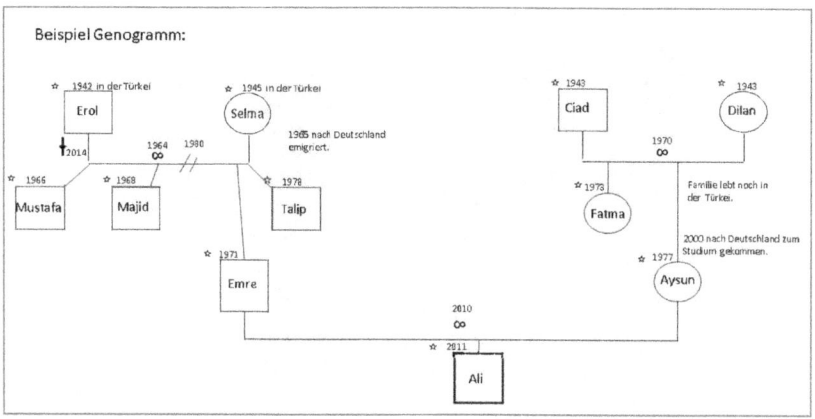

Abb. 3.6 Genogramm
Quelle: Eigene Darstellung

3.2.5.2 Systembrett

Auch mit dem Systembrett (Familienbrett) können Familiensysteme visualisiert werden. Hierzu werden die Klient/innen gebeten, stellvertretend für ein Familienmitglied eine passende Figur oder einen Gegenstand auf das Brett (60 x 60 cm mit 6 cm Rand), andere geeignete Flächen oder in den Raum zu stellen. Die Platzierung der Figuren bzw. Gegenstände zueinander kann in Fragen zu Nähe und Distanz erläutert werden. Haben Figuren Augen, so kann auch die Blickrichtung (zu- oder abgewandt) einbezogen werden. Es können auch Lösungsideen, Erfolge der Klient/innen oder soziale Kontexte und Symptome (Depressionen, Angst und Sucht) aufgestellt werden (Caby & Caby 2014, S. 241-244).

Abb. 3.7 Systembrett
Quelle: Eigene Darstellung

Diese Externalisierung von inneren Welten ist ein wirkungsvolles Werkzeug, das sich jedoch nur entfalten kann, wenn in der Beratung genügend Zeit zur Verfügung steht und Respekt für die Vorstellungen der Klient/innen vorhanden ist. Auf-, Abbau und Veränderungen auf dem Systembrett werden nur von den Klient/innen vorgenommen. Die Aufgabe der Berater/innen ist die Anregung des Beratungs- und Lösungsprozesses über die Metakommunikation: „Die auf dem Familienbrett erstellten Skulpturen sind Momentaufnahmen, die zum Experimentieren mit unterschiedlichen Lösungen einladen. Sie können während des Beratungsprozesses wiederholt werden und lassen die Entwicklung der Patienten in dieser Zeit plastisch werden" (Hegemann & Oestereich 2018, S. 82-83). Genogramme und die Aufbauten auf dem Systembrett lassen sich z. B. als Fotos gut in die Dokumentation einbinden und können mit Ergänzungen versehen werden.

3.2 Interkulturelle Kommunikation

Optionale Verfahren

Auch die Tetralemma-Aufstellungsarbeit im Sinne Varga von Kibéds und Sparrers (2018) eignet sich gut für die interkulturelle Beratung, da mögliche kulturelle Zerrissenheit bewusster wird sowie neue Blickwinkel und Lösungen angeboten werden. So können bei dieser Aufstellungsart die Ecken des Beratungszimmers vier Standpunkte repräsentieren, die nacheinander abgegangen werden, um sich in die jeweilige Position einzufühlen. Das „Eine", das „Andere" als unterschiedliche Werte, Alternativen oder Loyalitäten, „Beides" als die Vereinbarkeit der Positionen oder eben „Keines von Beiden", verbunden mit der Aufgabe, sich von bisherigen Denkweisen zu lösen und den Kontext neu zu bewerten. Bei festgefahrenen Gedankengängen kann zusätzlich ein fünftes Extrafeld „All dies nicht – und selbst das nicht!" eine hilfreiche Distanz und Neuausrichtung ermöglichen. Die Tetralemma-Arbeit erfordert Kenntnisse und Erfahrung in der systemischen Aufstellungsarbeit und sollte nur von qualifizierten Berater/innen eingesetzt werden.

Wirth (2019, S. 213) verweist in diesem Zusammenhang als vertiefende Technik auch auf das komplexe „Culturagram", mit dem „die zeitliche und sachliche Unvereinbarkeit von Inklusion und Exklusion [und] den aufgeworfenen Ambivalenzen" bearbeitet werden kann. Gemeinsam mit der Familie oder einem Familienmitglied werden zehn definierte Themenfelder in mehreren Sitzungen besprochen, ausgefüllt oder visualisiert, um Besonderheiten und Stärken bewusst zu machen (Wirth 2019, S. 2016).

Neben den verschiedenen Wirklichkeiten, die wir über Sprache erschaffen und individuell wahrnehmen bzw. verstehen, können die jeweiligen kulturellen Programmierungen Missverständnisse erhöhen. Kenntnisse hierüber, eine kultursensible Haltung, selbstkritisches Hinterfragen eigener Konstruktionen und geeignete systemisch-konstruktivistische Verfahren können eine interkulturelle Beratung erleichtern und eine schnellere Lösung ermöglichen.

Literatur

Berg, I. K., & Kelly, S. (2001). *Kinderschutz und Lösungsorientierung. Erfahrungen aus der Praxis – Training für den Alltag*. Dortmund: Verlag modernes Lernen (Systemische Studien, 22).

Buber, M., & Casper, B. (2009). *Ich und du*. [Nachdr.]. Stuttgart: Reclam (Universal-Bibliothek, 9342).

Caby, A., & Caby, F. (2014). Systeme visualisieren: Das Familienbrett und andere kreative Darstellungen. In T. Levold & M. Wirsching (Hrsg.), *Systemische Therapie und Beratung.*

Das große Lehrbuch (S. 241–246). 1. Aufl. Heidelberg: Carl-Auer Verlag (Systemische Therapie, Beratung).

Foerster, H. von, & Pörksen, B. (2016). *Wahrheit ist die Erfindung eines Lügners. Gespräche für Skeptiker.* 11. Aufl. Heidelberg: Carl-Auer Verlag (Systemische Horizonte).

Freise, J. (2017). Stärkung von Haltungskompetenzen. In A. Polat & R. Bieker (Hrsg.), *Migration und Soziale Arbeit. Wissen, Haltung, Handlung.* Unter Mitarbeit von Mareike Lange (S. 109–118). Stuttgart: Kohlhammer (Grundwissen Soziale Arbeit, Bd. 14).

Hall, E., & Hall, M. R. (1990). *Understanding Cultural Differences. Germans, French and Americans.* Yarmouth: Intercultural Press.

Hegemann, T., & Oestereich, C. (2018). *Einführung in die interkulturelle systemische Beratung und Therapie.* 2., vollst. überarb., erw. Aufl. Heidelberg: Carl-Auer Verlag (Carl-Auer Compact).

Heuber, H.-G. (2002). *Talk one's head off. Ein Loch in den Bauch reden. Englische Redewendungen und ihre deutschen „opposite numbers".* 16. Aufl. Reinbek bei Hamburg: Rowohlt.

Hofstede, G., & Hofstede, G. J. (2009). *Lokales Denken, globales Handeln. Interkulturelle Zusammenarbeit und globales Management.* 4. Aufl. München: Dt. Taschenbuch-Verl.

Kellermann, I., & Roedel, B. (2014). Genogrammarbeit. In T. Levold & M. Wirsching (Hrsg.), *Systemische Therapie und Beratung. Das große Lehrbuch* (S. 227–223). 1. Aufl. Heidelberg: Carl-Auer Verlag (Systemische Therapie, Beratung).

Kumbier, D., & Schulz von Thun, F. (2016). Interkulturelle Kommunikation aus kommunikationspsychologischer Perspektive. In D. Kumbier & F. Schulz von Thun (Hrsg.), *Interkulturelle Kommunikation. Methoden, Modelle, Beispiele* (S. 9–27). 8. Aufl. Reinbek bei Hamburg: Rowohlt Taschenbuch Verlag (rororo Miteinander reden: Praxis, 62096).

Lüsebrink, H.-J. (2016). *Interkulturelle Kommunikation. Interaktion, Fremdwahrnehmung, Kulturtransfer.* 4., akt. und erw. Aufl. Stuttgart: J. B. Metzler.

Nuss, F. (2019). Sozialraumorientierung und Migration. Vom Willen geflüchteter Menschen und der Stärke individueller Lebensgeschichten. In B. Wartenpfuhl (Hrsg.), *Soziale Arbeit und Migration. Konzepte und Lösungen im Vergleich* (S. 227–244). Wiesbaden: Springer Fachmedien.

Palmowski, W. (2014). *Systemische Beratung. Systemisch denken und systemisch beraten.* 2. Aufl. Stuttgart: Kohlhammer (Fördern lernen, 14: Prävention).

Pantuček, P. (1998). *Lebensweltorientierte Individualhilfe. Eine Einführung für soziale Berufe.* Freiburg im Breisgau: Lambertus.

Pörksen, B., & Schulz von Thun, F. (2016). *Kommunikation als Lebenskunst. Philosophie und Praxis des Miteinander-Redens.* 2. Aufl. Heidelberg, Neckar: Carl-Auer Verlag.

Reich, K. (2014). Systemisch-konstruktivistische Ansätze in der Pädagogik. In T. Levold & M. Wirsching (Hrsg.), *Systemische Therapie und Beratung. Das große Lehrbuch* (S. 36–40). 1. Aufl. Heidelberg: Carl-Auer Verlag (Systemische Therapie, Beratung).

Rez, H., Kraemer, M., & Kobayashi-Weinsziehr, R. (2016). Warum Karl und Keizo sich nerven. In D. Kumbier & F. Schulz von Thun (Hrsg.), *Interkulturelle Kommunikation. Methoden, Modelle, Beispiele* (S. 28–72). 8. Aufl. Reinbek bei Hamburg: Rowohlt Taschenbuch Verlag (rororo Miteinander reden: Praxis, 62096).

Ritscher, W. (2007). *Soziale Arbeit: systemisch. Ein Konzept und seine Anwendung.* Göttingen: Vandenhoeck & Ruprecht.

Schlippe, A. von, Jürgens, G., & el Hachimi, M. (2004). *Multikulturelle systemische Praxis. Ein Reiseführer für Beratung, Therapie und Supervision.* 2. Aufl. Heidelberg: Carl-Auer Verlag.

Schulz von Thun, F. (2009). *Miteinander reden*. 47. Aufl. Reinbek bei Hamburg: Rowohlt Taschenbuch Verlag (rororo, 17489: rororo-Sachbuch).
Spiegel, H. von (2011). *Methodisches Handeln in der sozialen Arbeit. Grundlagen und Arbeitshilfen für die Praxis*. 4. Aufl. München, Basel: Ernst Reinhardt (UTB, 8277).
Steiner, Th.& Berg, I.K. (2009): *Handbuch lösungsorientiertes Arbeiten mit Kindern*. 4. Auflage. Heidelberg: Carl-Auer-Verl.
Varga von Kibéd, M., & Sparrer, I. (2018). *Ganz im Gegenteil. Tetralemmaarbeit und andere Grundformen Systemischer Strukturaufstellungen – für Querdenker und solche, die es werden wollen*. 10. Aufl. Heidelberg: Carl-Auer Verlag (Systemaufstellungen).
Watzlawick, P. (2009). *Wie wirklich ist die Wirklichkeit? Wahn, Täuschung, Verstehen*. 7. Aufl. München, Berlin, Zürich: Piper (Serie Piper, 4319).
Watzlawick, P. (2017). *Menschliche Kommunikation. Formen, Störungen, Paradoxien*. 13., unveränderte Aufl. Bern: Hogrefe (Klassiker der Psychologie).
Watzlawick, P., & Beavin, J. (1980). Einige formale Aspekte der Kommunikation. In P. Watzlawick & J.H. Weakland (Hrsg.), *Interaktion* (S. 95–110). Bern, Stuttgart, Wien: Huber.
Wirth, J.V. (2019). Das Culturagram. Eine psychosoziale Klärungs- und Arbeitshilfe für die Soziale Arbeit mit Immigrant*innen. In B. Wartenpfuhl (Hrsg.), *Soziale Arbeit und Migration. Konzepte und Lösungen im Vergleich* (S. 211–225). Wiesbaden: Springer Fachmedien.
Wittgenstein, L. (1963). *Tractatus logico-philosophicus. Logisch-philosophische Abhandlung*. 11.–17. Tsd. Frankfurt a.M.: Suhrkamp (Edition Suhrkamp, 12).

Integrationsgestaltung

Karl-Heinz-Gröpler, Andrea Tabatt-Hirschfeldt und Ludger Kolhoff

4.1 Organisation der Teilhabe am Leben in der Gesellschaft

Karl-Heinz Gröpler

Zusammenfassung

Die Integration von Menschen mit Migrationshintergrund bzw. von Geflüchteten wird in den nächsten Jahren aufgrund der hohen Zahl von Geflüchteten aus Syrien, Afghanistan und Nordafrika eine Querschnittsaufgabe der deutschen Gesellschaft, die von hauptamtlichen und ehrenamtlichen Kräften bereits geleistet wird. Ziel dieses Beitrags ist es, Gelingensfaktoren in der Beratung zu erläutern und Möglichkeiten der Teilhabe am Leben in der Gesellschaft darzustellen. Aufbauend auf Theorien zu menschlichen Bedürfnissen auf der einen Seite und sozialarbeiterischen Maximen auf der anderen Seite werden exemplarisch Grundlagen und Möglichkeiten einer partizipativen Integration praxisnah am Beispiel der Integrationsberatung, der Mitgestaltung des Wohnumfelds und der Freizeit dargestellt.

Lernziele

Die Rezipient/innen befassen sich mit universalen Bedürfnissen als Ausgangspunkt für ein würdevolles Leben. Die Auseinandersetzung mit den Maximen der Sozialen Arbeit vermittelt die Anforderungen an die professionelle Haltung. Grundbedingungen für eine Beratung in der Arbeit mit Geflüchteten werden erarbeitet. Die Beschaffung von Wohnraum bzw. die Mitgestaltung des Wohnumfelds und Voraussetzungen für eine beteiligende Integration im Alltag werden praxisnah thematisiert.

> **Schlüsselbegriffe**
>
> Integration, Teilhabe, Partizipation, Maximen, Bedürfnisse, Empowerment, Wohnraum, Ehrenamt, Bürgerschaftliches Engagement, Kultur, Sport, Kleingarten

4.1.1 Einführung

Bürgerkriege in Syrien, Afghanistan und nordafrikanischen Ländern haben die Zahl der Asylsuchenden in den letzten Jahren deutlich erhöht und in der deutschen Gesellschaft Kontroversen ausgelöst. Die bisherige Integrationspolitik ist auf dem Prüfstand und alle politischen und gesellschaftlichen Kräfte sind gefragt, wenn diese Querschnittsaufgabe gelingen soll. Wie kann Soziale Arbeit mitwirken, damit sich die Chancen von geflüchteten Menschen zur Teilhabe an der Gesellschaft verbessern? Ausgehend von der Idee universaler Bedürfnisse im Sinne Bunges (Klassen 2017, S. 31) als Basis eines würdevollen Lebens und flankiert durch die Maximen und Arbeitsprinzipien Sozialer Arbeit werden Grundpfeiler des Empowerments und der Partizipation dargestellt. Die Beratung von Geflüchteten ist in erster Linie auf die dauerhafte Integration und Teilhabe fokussiert. Hierzu gehören die Beschaffung von Wohnraum, die Mitgestaltung des Wohnumfelds und die partizipative Integration in den Bereichen Kultur, Sport und Kleingartenwesen. Bestehende Definitionen von Kultur werden um Erkenntnisse der Sinus-Milieu-Studie erweitert, wenn es um gelingende Theaterangebote geht, die Anknüpfungspunkte für Einheimische und Migrant/innen bieten. Exemplarisch wird an der Sportart Cricket verdeutlicht, wie Menschen mit Migrationshintergrund nicht nur als Teilnehmer/innen eingebunden werden können, sondern wie sie auch als Leitung wirksam werden. Am Beispiel des Kleingartenvereins werden abschließend Wege aufgezeigt, wie Vorbehalte überwunden werden und ehrenamtliche Arbeit in der Integration unterstützt werden kann.

4.1.2 Universale Bedürfnisse

Menschen als Teil von Systemen

Menschen können sich zu interindividuellen Systemen (Familien, Teams, Arbeitsgruppen etc.) zusammenschließen oder auch geplant organisieren und absichtlich Ziele in formalen Systemen wie Schulen, Gemeinden oder behördlichen Steuerungen verfolgen. Ein System ist „durch seine Zusammensetzung, Umwelt und Struktur-Organisation" gekennzeichnet (Klassen 2017, S. 27).
Systeme zeigen emergente Eigenschaften. Dies zeigt sich in der Herausbildung neuer Qualitäten, die durch die Interaktion im jeweiligen System entsteht. So bilden die Bevölkerungen (Teile des Systems) auf ihrem Territorium Staaten und Regierungen (neue Eigenschaften) oder Mann und Frau gründen eine Familie (Klassen 2017, S. 28).

Ausgehend von der Theorie Mario Bunges, dass der Mensch nicht nur Teil von Systemen ist, sondern Menschen auch „ihrerseits aus psychischen (Gehirn, Geist) und biologischen Systemen (Nervensystem, Verdauungssystem, Herz-Kreislauf-System etc.) bestehen" (Klassen 2017, S. 30), werden die Bedürfnisse von Menschen als biopsychosoziale Wesen im Folgenden betrachtet (Obrecht 1996, S. 144; Klassen 2017, S. 32--33).

Bedürfnisse von Menschen

Alle Organismen streben bestimmte Zustände an und verfügen über ein Repertoire verschiedener Handlungsweisen, um bei Abweichungen entsprechend auszugleichen. Diese Bedürfnisse sind in allen Menschen angelegt und daher universell, ein dynamischer Ausdruck der Existenz. Alle Menschen streben nach Essen und Trinken. Um einen Mangel auszugleichen bzw. zu verhindern, betreiben sie den Anbau von Nahrungsmitteln, Vorratshaltung und Handel.

Bedürfnisspannung zeigt sich bei Unterschreitung oder Abweichung des bevorzugten Zustands (Soll-Zustand). Der organismische Wert „Du sollst nicht hungern" kann im Vergleich zu dem Wert „Du sollst nicht ohne Liebe und Freundschaft sein" nicht so lange aufgeschoben werden. Bestimmte Bedürfnisse werden nach den Regeln der jeweiligen Kultur und Gesellschaft unterschiedlich verwirklicht (Obrecht 1996, S. 142ff.; Klassen 2017, S. 32).

Die unterschiedlich stark zu verzögernde Befriedigung eines Bedürfnisses beschreibt Obrecht als Elastizität. So darf die Sauerstoffzufuhr nur wenige Minuten unterbleiben, während die Isolation eines Menschen über einen langen Zeitraum möglich wäre. Doch auch wenn Bedürfnisse eine unterschiedliche Elastizität aufweisen, so führt ihre Nichterfüllung stets zu seelischen oder körperlichen Schädigungen (Klassen 2017, S. 34).

Klassen (2010, S. 47) verweist in diesem Zusammenhang auf die Unterschiede zwischen Bedürfnissen und Wünschen. Gerade in der Bewerbung von Konsumartikeln wird oft suggeriert, dass Produkt X gebraucht wird – in Wirklichkeit geht es um die Erzeugung von Wünschen. Alle Menschen müssen Nahrung als verdaubare Biomasse aufnehmen; in welcher Form und Art diese Nahrung (Reis, Kartoffeln, Lachs, Pudding etc.) gegessen wird, darüber kann in unserer Gesellschaft weitgehend nach Wunsch entschieden werden. Das Aufschieben und Kontrollieren von Bedürfnissen wird als negativer Wunsch bezeichnet. So fasten Menschen, um einem Schönheitsideal zu entsprechen oder aus kulturellem oder religiösem Antrieb.

Obrecht teilt die menschlichen Bedürfnisse in drei Bereiche auf (1996, S. 144; Klassen 2017, S. 33):

1. Biologische Bedürfnisse
   - Physische Integrität: Vermeidung von körperlicher Beeinträchtigung gegenüber extremen Temperaturen, Verschmutzungen, Verletzungen oder Gewalt
   - Austauschstoffe für die Erhaltung des Körpers (Autopoiese): Nahrung (verdaubare Biomasse für den Stoffwechsel), Wasser (Regulierung des Flüssigkeitshaushalts), Sauerstoff (Austausch von Gasen)
   - Sexuelle Aktivität und Fortpflanzung
   - Regeneration (Erholung, Schlaf)

2. Biopsychische Bedürfnisse
   - Eine wahrnehmungsgerechte Anregung der Sinne durch Schwerkraft, Licht, Schall und spürbare Reize
   - Das Bedürfnis, Ästhetik zu erleben (schöne Formen, Landschaften, Gesichter) sowie nach Stimulation und Abwechslung
   - Menschen müssen ihre Umwelt verstehen, einen Sinn im Dasein finden, sich ein persönliches Ziel geben und über Fertigkeiten und Kompetenzen verfügen, um dieses umzusetzen

3. Biopsychosoziale Bedürfnisse
   - Die Gestaltung von Freundschaften und das Erleben einer Liebesbeziehung und die damit verbundene emotionale Zuwendung sind ebenso ein Bedürfnis, wie Hilfe zu geben und zu empfangen und Teil einer sozialen und kulturellen Gemeinschaft zu sein, die mit Rechten und Pflichten verbunden ist
   - Gleichzeitig besteht das Bedürfnis, unverwechselbar zu sein und als Individuum sein Leben autonom zu gestalten

4.1 Organisation der Teilhabe am Leben in der Gesellschaft

- Menschen streben nach Gerechtigkeit und bedürfen der Anerkennung durch die Gemeinschaft

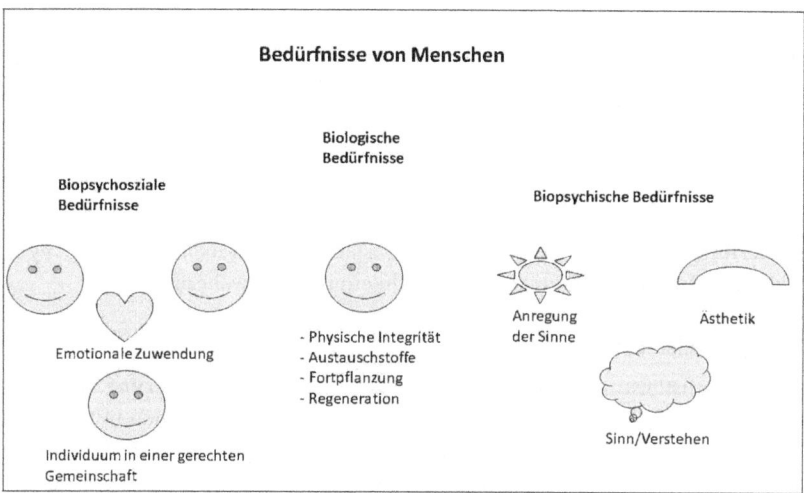

Abb. 4.1 Bedürfnisse
Quelle: Eigene Darstellung

Diese existenziellen Bedürfnisse sind ganzheitlich und umfassender als die reine Lebenserhaltung und dürfen auch in angespannten Situationen, z. B. bei der Unterbringung von vielen Menschen, die Asyl beantragen, nicht außer Acht gelassen werden.

4.1.3 Maximen Sozialer Arbeit

4.1.3.1 Struktur- und Handlungsprinzipien

Im Folgenden werden grundlegende Prinzipien beschrieben, die Leitlinien der Sozialen Arbeit sind.

Im achten Kinder und Jugendbericht der Bundesregierung (BMJFFG 1990, S. 85ff.) werden, angelehnt an die Idee der lebensweltorientierten Sozialen Arbeit im Sinne von Hans Thiersch (Grunwald & Thiersch 2018), folgende Maximen formuliert, die auf alle Bereiche der Sozialen Arbeit übertragbar sind und in der Arbeitssituation

Orientierung bieten sowie zur Selbstreflexion dienen können (Erath & Balkow 2016, S. 190-191; Heiner 2010, S. 42).

1. Prävention

Das Handeln der Sozialen Arbeit soll vorbeugend sein, also nicht nur eine Verschlechterung der Lage einzelner Menschen verhindern und Entlastung schaffen, sondern die Lebensbedingungen verbessern und gerechtere Verhältnisse schaffen. Dieses bedeutet sozialpolitische Einflussnahme und den Aufbau einer stabilen Infrastruktur.

Um die Eingliederung von Kindern mit und ohne Migrationshintergrund zu erleichtern, sind beispielsweise spielerische Angebote für Mütter mit kleinen Kindern in Mütterzentren geeignet. Hier erfahren die Frauen Unterstützung in Erziehungsfragen und können ihre Sprachkenntnisse erweitern.

2. Regionalisierung

Soziale Dienstleistungen sollen im Sinne der Sozialraumorientierung dezentral, also vor Ort verfügbar sein. Die einzelnen Dienstleistungen sollen miteinander vernetzt sein, damit Bedarfe ab- und ausgeglichen werden können. Eine Erziehungsberatungsstelle, die nur mit dem Auto oder per Bus nach längerer Fahrtzeit zu erreichen ist, wird seltener in Anspruch genommen als eine Einrichtung im gleichen Quartier oder Dorf. Erschwerend kommen z. B. für Geflüchtete die fehlenden Ortskenntnisse und die Klärung der Fahrtkosten hinzu.

3. Alltagsorientierung

Nicht nur die örtliche Nähe einer Einrichtung oder eines Angebots ist relevant, sondern auch die Niedrigschwelligkeit und Passung zum Alltag der Zielgruppe. Entsprechend sollten bürokratische Hürden oder unrealistische Öffnungszeiten vermieden werden.

4. Integration

Ausgehend von der Anerkennung der Verschiedenheit der Menschen sollen Angebote nicht exkludieren (ausgrenzen), sondern sich an alle Menschen richten und so gestaltet sein, dass ein Zugang trotz Unterschiede möglich ist.

5. Partizipation

Mitbestimmung kann in der Einzelfallhilfe, in der Gestaltung des Umfelds oder als Interessenvertretung stattfinden.

Die genannten Prinzipien finden sich in den im Folgenden beschriebenen Beispielen der Integration wieder.

4.1.3.2 Integrationsarbeit zwischen ungleicher Machtverteilung und Empowerment

In der Sozialen Arbeit besteht zwischen Fachkräften und Klient/innen ein stärker oder schwächer ausgeprägtes asymmetrisches Arbeitsverhältnis. Durch die überlegene Position der Sozialarbeiter/innen, die als Akademiker/innen in den jeweiligen spezifischen Problemlagen Leistungen für Menschen anbieten, die wiederum von diesen abhängig sind, entsteht ein Machtgefälle. Dies führt zur Notwendigkeit einer ständigen kritischen Reflexion, um möglichem Machtmissbrauch vorzubeugen (Lehmann 2017, S. 56). Dies gilt vor allem in Anbetracht der Tatsache, dass die Macht meist durch einen gesellschaftlichen bzw. staatlichen Auftrag legitimiert ist, bei dessen Durchsetzung das individuelle Schicksal in den Hintergrund geraten kann.

Abb. 4.2 Machtgefälle
Quelle: Eigene Darstellung

Marginalisierung und Machtgefälle

Je weiter Menschen am Rand der Gesellschaft leben bzw. ins Abseits geschoben (marginalisiert) werden, desto schwächer ist ihre Position gegenüber der Gesellschaft, aber auch gegenüber den Hilfeerbringern. Lehmann fasst zusammen, „dass die Bedingungen, unter denen viele Geflüchtete leben, für enorme Asymmetrie zwischen ihnen und der Gesellschaft sorgen. Machtvolle Strukturen erschweren eine Integration und drängen die Migrantinnen und Migranten in eine Außenseiterposition" (Lehmann 2017, S. 56).

Fehlende Sprachkenntnisse und Schwierigkeiten, sich im neuen Land zu orientieren, sind ohnehin ein starkes Hemmnis. Doch sie können das Machtgefälle potenzieren, wenn sich Fachkräfte durch Verständigungsschwierigkeiten dazu verleiten lassen, Geflüchtete wie unmündige Kinder zu behandeln (Piecuch 2017, S. 167).

Geflüchtete brauchen Zeit, damit sie die partizipativen Angebote, die langfristig Freiheit und Autonomie ermöglichen, nicht als zusätzlichen Stressfaktor erleben. Damit Prozesse und Zeitvorgaben in ihrem Sinne geplant werden, bedarf es seitens der Helfer/innen „eines hohen Maßes an Selbst- und Fremdreflexion" (Barboza 2019, S. 319).

„Ebenso werden Werte und Normen zu Machtquellen, wenn dogmatisch an ihnen festgehalten wird und sie anderen, die sie nicht teilen, übergestülpt werden. Unterschiede sollten positiv betrachtet werden, indem die interkulturellen Lern- und Austauschmöglichkeiten und weitere Spezifika, die das Arbeitsfeld zu bieten hat, als Potential angesehen werden. Hierfür können bspw. Themenabende oder andere gemeinsame Aktionen im Stadtteil veranstaltet werden, um einen Austausch zu ermöglichen" (Lehmann 2017, S. 51).

Hieraus leitet sich der Abbau der Asymmetrie bzw. das Stärken der Menschen als Handlungsziel ab.

Das Prinzip des Empowerments (Selbstbefähigung und Selbstbestimmung)

Empowerment steht bei Herriger (2018, S. 158) für die Stärkung von Autonomie sowie Selbstbestimmung und umschreibt die Fähigkeit zur Selbsttätigkeit, um den eigenen Alltag zu bewältigen. Herriger verweist auf eine Ressourcenorientierung mit entsprechender Ressourcendiagnostik und -förderung. Die in der Sozialen Arbeit häufig vom Defizit bestimmte Sichtweise weicht dem Vertrauen in die Stärken der Menschen. Neben dem Prinzip der Partizipation steht die „Bemündigung" im Mittelpunkt.

In diesem Sinne verleiht Empowerment die „Energie für die eigene Interessenvertretung und entsprechende kommunikative Handlungen durch das rekursiv [wechselseitige], im Prozess zunehmender Erfolgserfahrungen wachsende Bewusstsein eigener Einflussmöglichkeiten im sozialen Nahraum" (Ritscher 2007, S. 202). Die Gestaltung des eigenen Lebens bedarf der Möglichkeiten und kann nicht unter Zwang gelingen. Piecuch merkt als Praktikerin dazu an, „Menschen sollen sich integrieren können. Sie sollen – nicht müssen – zum Sprachkurs dürfen, arbeiten dürfen, umziehen dürfen, wohin sie wollen. Denn keiner geht freiwillig in einen Ballungsraum, wo es keine Arbeit gibt [...]" (2017, S. 169).

4.1.3.3 Variablen der Integration

Die Umsetzung der Integration, erläutert Schmid Noerr, „bemisst sich an der erfolgreichen Anschlussfähigkeit der Individuen an die gesellschaftlichen Funktionssysteme nicht nur des Rechts, sondern auch anderer, wie der Bildung, der Wirtschaft, der therapeutischen Versorgung, des Sportes, der meinungsbildenden Massenmedien" (2017, S. 40). Die soziokulturelle Dimension ist ebenso wie die strukturellen und individuellen Integrationsbemühungen entscheidend, um Parallelgesellschaften und Ghettobildungen vorzubeugen (Schmid Noerr 2017, S. 41).

Bommes (2018, S. 103) stellt in diesem Sinne für die Integrationspolitik vergleichbare Bezugsgrößen dar:

- Die Verfassung der Individuen (also der Migrant/innen selbst): Fertigkeiten, Handlungskompetenzen Sprach- und Normenkenntnisse. Nutzbares Wissen zu wirtschaftlichen, politischen, erzieherischen und rechtlichen Prozessen. Beschaffung und Zugang zu Ressourcen wie Einkommen, Bildung, Anerkennung und soziale Netzwerke.
- Soziale Bedingungen: Möglichkeiten der Teilnahme, Hürden und (An-)Forderungen der Felder Arbeit, Bildung und Familie.
- Politische Möglichkeiten: Schaffung von gesetzlichen Grundlagen und Bereitstellung der Ressourcen und finanziellen Mittel zur Rahmung der oben genannten sozialen Bedingungen.

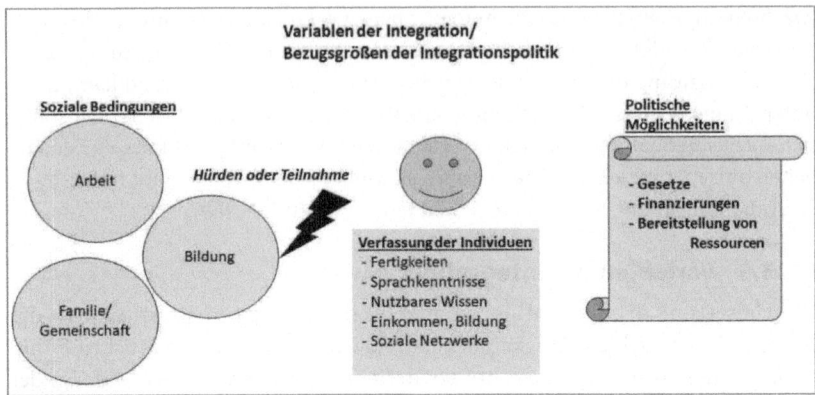

Abb. 4.3 Variablen der Integration
Quelle: Eigene Darstellung, nach Bommes 2018, S. 103

Ausgehend von den oben genannten Variablen und Bezugsgrößen bieten sich ergänzend folgende Handlungsempfehlungen für die Integration an: Erstens die Förderung des Ehrenamts; zweitens die Nutzung von Kindertagesstätten im Rahmen des Spracherwerbs für Kleinkinder, die so Deutsch muttersprachlich erlernen können; drittens den Zugang zu Schule und Bildung; viertens die Herauslösung aus Transferleistungen durch Qualifizierung und Vermittlung in Arbeit sowie die Beschaffung von Wohnraum in durchmischten Quartieren. Des Weiteren ist die Einbindung in soziale Strukturen von Sportvereinen über Hilfsorganisationen (THW, DRK etc.) bis zu Traditionsvereinen hilfreich (Bartels 2016, S. 367ff.).

Am Beispiel der Beratung von Geflüchteten, der Beschaffung von Wohnraum und der Einbindung in verschiedene Kulturinstitutionen und Vereine soll im Folgenden aufgezeigt werden, wie Integration in der Praxis umgesetzt werden kann.

Beratung in der Flüchtlingsarbeit

Erath und Balkow (2016, S. 53-54)verorten die Beratungsarbeit mit Geflüchteten im Feld der interkulturellen bzw. internationalen Sozialen Arbeit. Diese umfasst Angebote der psychosozialen, der rechtlichen und der Asylsozialberatung. Hinzu kommen Netzwerk- und Öffentlichkeitsarbeit sowie die Beratung und Betreuung von Ehrenamtlichen (Piecuch 2017, S. 167).

4.1 Organisation der Teilhabe am Leben in der Gesellschaft

Neben Einfühlungsvermögen und interkultureller Kompetenz sind stets aktuelle Kenntnisse im Ausländerrecht, Asylrecht und insbesondere im Asylbewerberleistungsgesetz erforderlich (Piecuch 2017, S. 167).

Beratungsanliegen betreffen nach der Ankunft die Antragstellung auf Asyl und die erste Unterbringung. Bei der späteren Wohnungssuche und der anschließenden Begleitung bei Vertragsabschlüssen (Mietvertrag, Stromanbieter, Rundfunkbeitrag etc.) bedürfen Geflüchtete des Rats in praktischen Fragen (Zählerstand melden, Abrechnung verstehen, Einhaltung der Hausordnung, Beachtung der Mülltrennung) und gegebenenfalls Unterstützung bei der Beantragung von Wohngeld.

Bei einer Bleibeperspektive rücken neben der Wohnung, der Beruf, die Bildung und Teilhabe in den Vordergrund der Arbeit.

Sozialarbeiter/innen unterstützen entsprechend bei vielen Rechts- und Finanzberatungsthemen, „übersetzen Briefe, kommunizieren für [die Geflüchteten] mit Ämtern, Anwälten etc. […] [E]rklären ihnen, welche Schritte sie zuerst gehen sollten und an wen sie sich bei speziellen Problemen wenden können" (Peterek 2017, S. 179). Dies umfasst die Beantragung des Asylverfahrens bzw. Vermittlung einer anwaltlichen Beratung, die Klärung aufenthaltsrechtlicher Fragen, Anfragen zum Familiennachzug bzw. zu Familienzusammenführungen oder gegebenenfalls eine Rückkehrberatung. Ebenso müssen parallel die finanzielle Absicherung durch Anträge nach dem AsylbLG, SGB II, III und XII und gegebenenfalls Kindergeld geklärt und beantragt werden. Auch die Eröffnung eines Bankkontos und die Gestaltung des Zahlungsverkehrs sollten erläutert werden.

Ergänzend zu der Unterstützung bei Anträgen für alle Bereiche des Lebens ist eine psychologische Beratung bzw. gegebenenfalls Traumatherapie erforderlich. Schirilla sieht hier eine besondere Herausforderung: „Flüchtlinge haben oft aufgrund von dramatischen Fluchterfahrungen oder aufgrund ihrer Verfolgungsgeschichte traumatische Erlebnisse hinter sich, die zu posttraumatischen Belastungsstörungen führen" (2016, S. 158). In spezialisierten Einrichtungen wurden Ansätze entwickelt, „mit Folter, Verfolgung, schlimmen Fluchterlebnissen und anderen traumatischen Erlebnissen von Geflüchteten umzugehen" (Schirilla 2016, S. 158).

Geflüchtete Menschen brauchen eine Übersicht über die Logiken und Abläufe im deutschen Gesundheitssystem und weiterführende Hilfen. Hierzu zählen das Abschließen einer Krankenversicherung, die Vermittlung zu medizinischen, psychotherapeutischen oder sozialarbeiterischen Angeboten (Suchtberatung, Schuldnerberatung …) sowie die Abklärung von Kostenübernahmen z. B. bei Therapien oder Rehamaßnahmen.

Fragen zu Familien, Betreuung und Ausbildung

Dazu gehören die Vermittlung von Kenntnissen zum Bildungssystem (Schulsystem, Schulsuche und Berufsausbildung) in Deutschland, gegebenenfalls die Beantragung von Betreuungsangeboten (Kindergärten, Hort) und das Aufzeigen von Möglichkeiten der Familienberatung (Familienzentren, Mütterzentren oder Mehrgenerationenhäuser). Alltagspraktische Abläufe wie z. B. die Beschaffung von Schulmaterial oder von Zuschüssen zu Klassenfahrten (siehe Bildungs- und Teilhabepaket) sollten besprochen und eventuell zu Beginn noch begleitet werden.

Teilhabe

Empfohlen wird die zeitnahe Anmeldung zu einem Sprachkurs, der auch die familiären Gegebenheiten (z. B. Kinderbetreuung) berücksichtigen sollte. Ferner leisten Berater/innen Unterstützung bei der Suche nach Freizeitmöglichkeiten, z. B. (Sport-)Vereinen oder religiösen Gemeinden, und klären die Finanzierung von Mitgliedsbeiträgen.

Die Einbindung von ehrenamtlichen Strukturen bei der Freizeitgestaltung und Teilnahme am gesellschaftlichen Leben sind ebenfalls Teil von solchen Beratungen und sichern eine nachhaltige Einbindung (Altinzencir 2019, S. 66-70).

Beschaffung von Wohnraum und die Mitgestaltung des Wohnumfelds

Wohnen

Das Prognos-Institut weist in seinem Bericht zum *Wohnraumbedarf in Deutschland (2017)* darauf hin, dass sich der Bedarf an Wohnraum durch die anwachsende Bevölkerung erhöht hat: „Entgegen früherer Prognosen und Erwartungen hat Deutschland im Zeitraum 2011 bis 2016 rund 2,5 Mio. Einwohner hinzugewonnen anstatt zu schrumpfen. Die Wohnungsnachfrage stieg infolge der hohen Zuwanderung insbesondere aus dem europäischen Ausland nach Deutschland und der arbeits- und bildungsbedingten Binnenwanderung (insb. in Hochschul- und Großstädte), aber auch durch die verstärkte Bildung neuer Ein- und Zweipersonenhaushalte überdurchschnittlich an. [...] Durch die zu schwache Neubautätigkeit ist bis heute ein Bedarf von rund 1 Mio. fehlenden Wohnungen in Deutschland aufgelaufen. Dieser Fehlbedarf ist somit das Ergebnis einer zu geringen Neubautätigkeit bei gleichzeitig sehr dynamischer Entwicklung der Wohnungsnachfrage in vielen Wohnungsmarktregionen" (Prognos 2017, S. 32). Hohe Baukosten und Mietpreise über dem Marktniveau bringen wenig Entspannung. „Selbst, wenn neue Wohnungen auf den

Markt kommen, entsteht kein bezahlbarer Wohnraum" (Prognos 2017, S. 34). Auch die Mietpreisbremse (§ 556d BGB) zeigt trotz strengerer Auflagen kaum Wirkung. Der Wohnraummangel erhöht die Konkurrenz auf dem Wohnungsmarkt. Dies ist nicht nur für Personen mit niedrigem Einkommen problematisch. Gerade für Familien ist eine angemessene Wohnungsgröße auch bei mittleren Einkommen nicht mehr zu finanzieren.

Am Beispiel von Zürich hat sich der Flächenverbrauch (Wohnfläche pro Einwohner/in) seit 1910 von 9 m² auf 50 m² im Jahr 2005 erhöht. Diese Verhältnismäßigkeiten können auf Deutschland übertragen werden. Ein Geflüchteter bzw. eine Geflüchtete hat in Deutschland lediglich Anspruch auf 8 m² Bruttogrundrissfläche (Friedrich 2017, S. 23). Die Beschaffung von geeignetem Wohnraum für Menschen mit Flucht/Migrationshintergrund ist infolge der Wohnraumsituation also eine besondere Herausforderung.

Schaffung von Wohnraum

Um der steigenden Zahl von Asylsuchenden gerecht zu werden, wurden Anpassungen im Baugesetzbuch (BauGB) vorgenommen. Die Bundesländer konnten so Regelungen schaffen und auf dieser Basis Gesetze verabschieden, die es den Kommunen erlaubten, Flüchtlingsunterkünfte in Nichtwohngebieten mit geringeren Auflagen und vereinfachten Genehmigungsverfahren einzurichten. Diese sind temporär und nicht als dauerhafter Wohnraum angedacht. Ausgehend von den biologischen, biopsychischen und biopsychosozialen menschlichen Bedürfnissen reicht es bei der Bereitstellung von Wohnraum nicht, eine Unterkunft zu stellen, um lediglich das Bedürfnis nach physischer Integrität erfüllen.

Im Folgenden liegt der Fokus auf Menschen mit einer Bleibeperspektive (vgl. Kapitel 4.3), weil sie eine dauerhafte Arbeitserlaubnis besitzen (Blue Card) oder der Aufenthaltsstatus mit einem gesicherten Bleiberecht verbunden ist.

Was macht ein Quartier zum Problemviertel?

Was ist zu beachten, um Ghettobildungen zu verhindern und die Integration in den Quartieren zu fördern?

Das Quartier ist nicht nur Territorium einer Kommune, sondern auch für Bewohner/innen aller Kulturen ein „alltäglicher Dreh- und Angelpunkt des Lebens, als ‚Basislager' oder als ‚Hub' in die globalisierte Welt und [fungiert] als Schnittpunkt verschiedener Identitäten" (Schnur 2018, S. 376).

Hinderlich für den Integrationsprozess sind freiwillige oder unfreiwillige Exklusionen. So kann die Segregation (Entmischung) von Bevölkerungsgruppen kulturell bedingt, also zum Teil freiwillig erfolgen oder aber das Ergebnis struktureller Fehlentwicklungen sein (vgl. Kapitel 3.1.4.1).

Schönig (2008, S. 152) stellt jedoch fest, dass bei den Quartieren mit Entwicklungsbedarf bzw. erhöhtem Hilfebedarf eine große ökonomische und kulturelle Distanz zur Mehrheitsgesellschaft vorliegt. Diese Quartiere sind z. B. geprägt durch überdurchschnittlich viele Bezieher/innen von Transferleistungen, Alleinerziehende, Menschen mit Migrationsbiografie, einem geringeren Bildungsniveau und einer höheren Jugendarbeitslosigkeit (Schönig 2008, S. 176).

Hamburger Modell 2016

Als Mittel, um Segregation und Armen- oder Flüchtlingsquartieren entgegenzuwirken, hebt Friedrich (2017, S. 25) die Ideen des „Hamburger Modells 2016" hervor. Dabei wird eine soziale Durchmischung und stärkere Begegnung unter Einbeziehung des öffentlichen Raums angestrebt, aufbauend auf verschiedenen Wohnformen und Nutzungsmischungen (wohnen plus arbeiten) und der sinnvollen Ergänzung von Sozialwohnungen und Eigentumswohnungen. Kosten können durch Typisierung in der Konstruktion gesenkt werden, die flexible Grundrisse anbietet. Diese erlauben eine Anpassung an sich verändernde Lebenssituationen.

Um Fluktuation zu verhindern und Verstetigung zu ermöglichen, wird auf Teilhabe gesetzt. Dies bedeutet, „Genossenschaftsmodelle und Eigentumserwerbermodelle für alle [zu] entwickeln; neue Fördermodelle: von der Objektförderung zur Subjektförderung, Förderung von Selbstbau- und Ausbaukonzepten; neue Ausbildungskonzepte: über Mitbauerfahrungen könnten für die Bewohner im Ausbildungsbereich neue Berufsqualifikationen geschaffen werden" (Friedrich 2017, S. 25). Reimann erläutert zur Diversifizierung des Wohnangebots (Miete und Wohneigentum): „[so] kann die Heterogenität der Lebensstile und Lebenslagen gefördert und infolgedessen das Quartier sozial stabilisiert werden" (2018, S. 560).

Im Sinne der Integration und Partizipation ist es wichtig, sich bei der Schaffung von Wohnraum nicht nur auf eine Zielgruppe zu konzentrieren. Neubauten und neue Wohnquartiere sollten Anschluss für verschiedene Einkommensgruppen, Lebensmodelle und Kulturen bieten.

Die Ideen des Hamburger Modells zeigen Möglichkeiten auf, allerdings bestehen die aktuellen Anforderungen in der Vermittlung und Anmietung von Wohnraum in der bereits thematisierten angespannten Wohnungslage.

Auch wenn explizite Ablehnungen von Geflüchteten als Mieter/innen die Ausnahme bleiben, kann davon ausgegangen werden, dass Geflüchtete deutlich schlechtere Chancen bei der Wohnungsvergabe haben.

Mögliche Diskriminierungen auf dem Wohnungsmarkt können z. B. durch Testing-Verfahren bewusst gemacht werden. Neben der Schaffung von Öffentlichkeit

4.1 Organisation der Teilhabe am Leben in der Gesellschaft

zum Thema Diskriminierung können Mitarbeiter/innen der Wohnungsunternehmen interkulturell geschult werden und gegebenenfalls ein Diversity-Management eingerichtet werden bzw. könnten Sozialarbeiter/innen für Wohnungsunternehmen aktiv werden (Reimann 2018, S. 560).

Schnur (2018, S. 384) fordert, den Fokus nicht auf die Integration von Migrant/innen zu richten, sondern ein Quartier für alle zu entwickeln. Nachbarschaftliche Netzwerke bündeln Sozialkapital (s. u.) als Basis für eine gelingende Inklusion, die „als erweiterte Idee von Integration […] vor allem eine kleinräumige Funktion" besitzt (Schnur 2018, S. 385).

Das so entstehende soziale Kapital bildet sich aus den sozialen Beziehungen und dem sozialen Zusammenhalt eines Quartiers bzw. einer Gesellschaft. Es umfasst primäre, nicht organisierte Netzwerke (Familie, Nachbarn und Kolleg/innen) sowie gering bis stark organisierte sekundäre Netzwerke (Nachbarschaftsnetze, Vereine und Organisationen), die nicht hauptamtlich gesteuert werden (Schubert 2008, S. 38; Nowak 2009, S. 160). Der Sozialraum ist somit der lebendige Ort für gesellschaftliche Entwicklung, Teilhabe und Interaktion. Lehmann verweist darauf, dass mangelnde Deutschkenntnisse als Problem im Vordergrund gesehen werden und die Ressource, eine fremde Sprache zu beherrschen, nicht als Chance gewürdigt wird. So könnten sich die Bewohner/innen ihre jeweiligen Muttersprachen z. B. in einem Sprachcafé vermitteln (Lehmann 2017, S. 61).

4.1.4 Partizipative Integration

Bürgerschaftliches Engagement setzt sich nach Jakob freiwillig und unentgeltlich im öffentlichen Raum für das Gemeinwohl ein, ohne dass die Akteure selbst Teil der Zielgruppe sind (2018, S. 715-716). Gemeinschaftliches Engagement gründet oftmals auch auf einem Eigeninteresse, wenn sich Menschen z. B. in ihren Theatergruppen, Sportvereinen oder Kleingartenvereinen in einem Vorstand ehrenamtlich mitarbeiten oder sich bei anderen Aktivitäten einbringen (Jakob 2018, S. 715-716). Da Integration nicht von außen gegeben oder verordnet werden kann, bietet es sich besonders in den Bereichen an, wo Menschen mit und ohne Migrationshintergrund zusammen ihren Interessen nachgehen, Möglichkeiten partizipativer Integration zu finden und diese auszubauen. Daher werden im Folgenden Beispiele aus Kultur, Sport und Gartenarbeit vorgestellt.

4.1.4.1 Kultur

Englische Dramen, griechische Tragödien, japanische Mangas oder amerikanischer Jazz bereichern das Leben der Menschen weltweit: „Künstlerische Arbeit hat etwas Universelles und künstlerische Arbeit ist zunächst unabhängig vom Entstehungszeitpunkt oder Entstehungsort" (Zimmermann 2018, S. 602). Entsprechend bilden alle Formen der Kunst und Kultur Schnittmengen und Verbindungen zwischen Menschen aller Herkunft. Zimmermann (2018, S. 606) verweist auf die Empfehlung des Deutschen Kulturrats: „[E]ine interkulturelle Öffnung und der Erwerb interkultureller Kompetenzen sowohl auf politischer als auch auf zivilgesellschaftlicher Ebene" sei eine Querschnittsaufgabe in allen Einrichtungen der Kultur und Bildung. Kulturelle Vielfalt, egal ob Hochkultur oder Breitenkultur, bedarf einer Anerkennung und Kulturfinanzierung, die Teilhabe und Partizipation ermöglicht (Zimmermann 2018, S. 606).

Kulturangebote oder Möglichkeiten der aktiven Mitgestaltung im Kunst- und Kulturbereich können nicht nach einem einfachen Schema für Menschen mit Migrationshintergrund geschaffen werden. Allmanritter (2017, S. 298) unterscheidet zwischen der Ansprache nach dem sozialen Milieu (Milieu-Marketing) und/oder nach Herkunftskultur (Ethno-Marketing). Milieu wird von Nowak definiert als Gemeinsamkeiten von Lebensstilen und Wertorientierungen, die eine Form von Subkultur bilden (2009, S. 119 & 158). Ethnizität im Sinne Nowaks ist das kulturelle Selbstverständnis einer ethnischen Gruppe (griech. *ethnos* = Volk) im Unterschied zur Mehrheitsgesellschaft (2009, S. 155).

Seit 2008 untersucht das Sinus-Institut die Lebenswelten und -stile von Menschen mit Migrationshintergrund und kommt zu folgendem Ergebnis: „Die Migranten-Milieus unterscheiden sich weniger nach ethnischer Herkunft und sozialer Lage als nach ihren Wertvorstellungen, Lebensstilen und ästhetischen Vorlieben. Man kann also nicht von der Herkunftskultur auf das Milieu schließen" (Sinus 2018). Gemeinsame lebensweltliche Muster bilden Meta-Milieus, die unabhängig von Ländergrenzen sind.

Allmanritter (2017, S. 302–303f) leitet aus Forschungen der Sinus-Milieu-Studien folgende Handlungsempfehlungen ab: Die Ansprache von Menschen mit Migrationshintergrund bedarf als Grundvoraussetzung einer klaren, reflektierten, nach außen kommunizierten und ernst gemeinten interkulturellen Öffnung. Basis hierfür sind milieubasierte Methoden, die im Sinne des Ethno-Marketings mit einer stärkeren Einbindung von Werken und Kulturschaffenden aus der Herkunftskultur erweitert werden. Angebote in der Herkunftssprache können Barrieren senken und so einen Anreiz für einen Besuch bilden. Um nicht nur intellektuell-kosmopolitische Milieus zu erreichen, sondern weitere Zielgruppen zu gewinnen, wird eine breite, vielseitige und hochwertige Auswahl in mehreren Sprachen offeriert.

Diese hybriden Angebote – sie kombinieren eine Ausrichtung an den Interessen anzusprechender Milieus mit einer Betonung der Interkulturalität – bieten etwas Gemeinsames und gleichzeitig etwas Neues, was „den hybriden Identitäten vieler Menschen mit Migrationshintergrund" entspricht (Allmanritter 2017, S. 302-303).

4.1 Organisation der Teilhabe am Leben in der Gesellschaft

So könnte eine bekannte Wagner-Oper in Türkisch gesungen werden oder ein Theaterstück einer kurdischen Dichterin in deutscher Sprache inszeniert werden. In der Popular-Musik (Hip-Hop) sind hybride Formen bereits etablierter.

4.1.4.2 Sport

Integration gelingt in kleinstädtischen, dörflichen, also quartiersbezogenen Begegnungsräumen, die Erlebnisse der Annäherung ermöglichen (Bartels 2016, S. 371). Barboza (2019, S. 321) verweist auf die positiven Effekte von Mannschaftssportarten (Fußball, Basketball etc.), Lauftreffs sowie Fitness- und Krafttraining, da die nonverbale Kommunikation überwiegt und damit Defizite in der deutschen Sprache abgeschwächt werden und eine Begegnung auf Augenhöhe erleichtert wird. Bei gemeinsamen sportlichen Aktivitäten bilden sich in kurzer Zeit soziale Kontakte außerhalb der eigenen Gruppe: „In etlichen Bereichen – insbesondere im Sport – sind Mitglieder mit Migrationshintergrund inzwischen existenziell geworden" (Bartels 2016, S. 371).

> „Die gemeinsam verbrachte Freizeit schafft Vertrauen und langfristige persönliche Beziehungen. Begegnung ist ein Türöffner in die Einwanderungsgesellschaft und baut Vorurteile ab. Wer seine Stärken erkennt und Anerkennung erfährt, ist motiviert und erhält das Gefühl, dass er mitbestimmen und etwas bewegen kann" (Phineo 2016, S. 26).

Bereits seit 1998 fördert das Bundesamt für Migration (BAMF 2016) die Integration von Menschen mit Migrationshintergrund sowohl als aktive als auch als ehrenamtlich tätige Mitglieder in Sportvereinen. Mehr als 500 Vereine sind eingebunden, mit Angeboten, die sich über Breitensport (Fußball, Handball, Basketball etc.), aber auch spezielle Sportarten (Sambo, Boxen, Ringen etc.) erstrecken. In 2.000 integrativen Sportgruppen werden jährlich 38.000 Teilnehmer/innen eingebunden. Durch zusätzliche Integrationsleistungen der Vereine (Hausaufgabenhilfe, Gesprächskreise etc.) findet eine höchst wirksame Integration statt, die über die reinen Sportangebote deutlich hinausgeht.

Als gemeinnütziges Projekt mit hohem Wirkungspotenzial empfiehlt Phineo ein Cricket-Projekt in Bielefeld, das sich durch großen Zuspruch und belegte Wirksamkeit auszeichnet. Unbegleitete minderjährige Geflüchtete aus Pakistan, Afghanistan und Indien haben der Randsportart zu Popularität verholfen, indem sie mit ihrem Engagement für den Aufbau einer neuen Abteilung verantwortlich sind. Neben Erfolgen in der zweithöchsten deutschen Cricket-Klasse „stabilisiert [das Training] die Tagesstruktur und stiftet über ethnische und Religionsgrenzen hinweg Freundschaften" (Phineo 2016, S. 38). Die Jugendlichen mit Migrationshintergrund können Selbstvertrauen gewinnen und erleben ein Gefühl der Zugehörigkeit.

Der Kapitän der Cricketmannschaft ist hier eine Schlüsselperson als Ansprechpartner für andere Geflüchtete, aber ebenso als Vorbild für deutsche Jugendliche. Diese Öffnung von Vereinen für eigene Angebote von Migrant/innen ist auch auf andere Bereiche, Sportarten und Interessen zu erweitern (Schirilla 2016, S. 205). So kann in einem Sportverein auch eine türkische Gymnastikgruppe für ältere Migrant/innen ein Türöffner sein, um in Austausch zu kommen und Kontakte zu vertiefen.

4.1.4.3 Garten

Die folgenden Ausführungen beziehen sich gleichermaßen auf interkulturelle Gartenprojekte und Initiativen in Kleingartenvereinen. Ausgehend von der Idee, dass Sozialräume Aneignungsräume sind, ist die Gestaltung von Gartenanlagen und die Verrichtung von Gartenarbeit eine Möglichkeit, im Raum aktiv zu werden. Lützenkirchen et al. sehen hier die Möglichkeit für selbstbestimmte Aneignungsprozesse, so „bietet ein Garten als ermöglichender Sozialraum den Menschen ein Medium dafür, Kompetenzen zu erleben, Ressourcen zu entwickeln, einen Lebensraum selbstbestimmt zu gestalten und die Lebensqualität selbsttätig zu verbessern" (2013, S. 48).

Kleingartenanlagen dienen der Gesundheitsvorsorge, denn sie bieten Erholung, Entspannung für Körper und Seele, fördern Aufenthalt und Bewegung in der Natur und geben einen Sinn.

Kleingärten besitzen einen ästhetischen und ökologischen Mehrwert. Zum einen gibt es individuelle Möglichkeiten, die Gartenlandschaft zu gestalten, und zum anderen bietet der Garten einen Lebensraum für sowohl Pflanzen als auch Tiere und dient der Verbesserung der Luftqualität in den Städten. Kleingartenanlagen im Sinne des Bundeskleingartengesetzes sind gemeinnützige Solidargemeinschaften, die Menschen mit einem geringen Einkommen einen Garten ermöglichen. Gerade Kinder bekommen ein selbstverständliches Verständnis für die Kreisläufe in der Natur sowie für den Anbau und die Pflege von Nutzpflanzen und werden so u. a. an das Thema Naturschutz herangeführt (Schwerzmann 2013, S. 90-91).

Die sinnstiftende Gartenarbeit in einem Gemeinschaftsgarten kann bei den Geflüchteten therapeutische Wirkungen entfalten und so zu einer Verbesserung der seelischen Gesundheit (z. B. bei einer Traumatisierung) führen (Lützenkirchen et al. 2013, S. 49).

Menschen mit Migrationshintergrund wenden sich nicht mit dem Ziel der Integration (oder Therapie) an Kleingartenvereine und Initiativen für interkulturelle Gärten, sondern um ein Stück Land bearbeiten zu können und „damit sich und die eigene Familie mit selbst produzierten Lebensmitteln, wie Kräuter, Gemüse und Obst, zu versorgen" (Lützenkirchen et al. 2013, S. 54).

4.1 Organisation der Teilhabe am Leben in der Gesellschaft

2004 hatten 7,5 % der Mitglieder im Bundesverband Deutscher Gartenfreunde einen Migrationshintergrund (BDG 2006, S. 10). Momentan gibt es 900.000 Mitglieder im BDG, davon ca. 80.000 mit Migrationshintergrund. Menschen mit Migrationshintergrund sind eine feste Größe in den Kleingärten, die in jeder Region vorhanden sind.

Angelehnt an die Handlungsempfehlungen des BDG, die ein Ankommen im Verein erleichtern sollen, werden im Folgenden einige Herausforderungen und mögliche Auswege kurz vorgestellt (BDG 2006, S. 18ff.).

Gärten sollten nicht nach Herkunft oder Kultur vergeben werden, sondern nach sozialen Kriterien. Bei der Verteilung der Parzellen sollte auf kulturelle, soziale und generationale Vielfalt geachtet werden, um geschlossene „Clubs" zu vermeiden.

Theoretisch müsste der Verweis auf den im Grundgesetz verbrieften Gleichheitsgrundsatz (Art. 3 GG) und das 2006 geschaffene Antidiskriminierungsgesetz sowie das Allgemeine Gleichbehandlungsgesetz (AGG), insbesondere § 19, ausreichen, um Ungleichbehandlungen bei Verpachtungen zu verhindern. Andererseits können Vorurteile und (geschürte) Ängste der Mehrheitsbevölkerung bzw. der Vereinsvorstände dazu führen, dass Kleingärten erst gar nicht an Geflüchtete vergeben werden. Im schlimmsten Fall führt ein Kopftuch, ein fremd klingender Name oder eine schwarze Hautfarbe zur Ablehnung von Bewerber/innen.

Die Ablehnung von anderen Kulturen oder Ethnien, die auf willkürlichen Zuschreibungen und Kategorisierungen wie Kleidung oder Hautfarbe gründet, kennzeichnet von Grönheim als Kulturrassismus (2019, S. 187), da die Mehrheitsgesellschaft ihre „Leitkultur" über die anderen Kulturen erhebt. Die Anregung einer kritischen Diskussion durch interkulturelle Trainings oder antidiskriminierende Bildungsarbeit sollte daher fester Bestand von Vereinsschulungen sein.

Neben einem aufgeschlossenen Vorstand können Ansprechpartner/innen benannt werden, die den Vorstand bei der Sprach- und/oder Kulturvermittlung unterstützen. Um Missverständnisse zu Satzung und Gemeinschaftsregeln zu reduzieren, sollten gegebenenfalls Merkblätter und Broschüren in den jeweiligen Sprachen zur Verfügung gestellt werden. In der gemeinsamen Arbeit und bei Aktionen wird die Vermittlung der deutschen Sprache angeregt und gefördert.

Die Gestaltung eines multikulturellen Fests oder eines internationalen Kinderfests können als gemeinsames Ereignis alle Mitglieder verbinden. Die gemeinsame Vorstellung von unterschiedlichen Traditionen und Feiertagen kann Verständnis wecken und Toleranz fördern. Über die Gestaltung von Aktivitäten für Kinder im Verein kann eine Begegnung leichter und schneller stattfinden.

Interkulturelle Gärten (und Kleingartenvereine) stärken das soziale Miteinander und ökologische Bewusstsein. Lützenkirchen et al. fassen zusammen, das „gemeinsame Arbeiten engagierter Gärtner mit und ohne Migrationshintergrund kann umweltrelevante Themen zur Sprache bringen, zu gemeinsamen Lernprozessen und praktischen Lösungsversuchen führen" (2013, S. 54). Gemeinsames Gärtnern erfüllt biopsychische und biopsychosoziale Bedürfnisse und verspricht so Nachhaltigkeit, ohne den Beigeschmack eines „künstlichen" Integrationsauftrags zu haben. Hajji und Ühre konnten in ihren Forschungen feststellen, dass die Identifikation mit dem neuen Heimatland gelingen kann, wenn sich die Geflüchteten gesellschaftlich einbringen können, keine Diskriminierungserfahrungen machen, eher aufnahmelandorientierte Bewältigungsstrategien entwickeln und über soziale Anpassungsfähigkeit verfügen (2017, S. 33).

Die gezeigten Beispiele aus Sport, Kulturarbeit und Gartenprojekten unterstützen die Integration und erfüllen das Bedürfnis nach Gemeinschaft. Lebensweltorientierte Beratung darf nur flankieren und sollte die Selbstbestimmung keinesfalls hemmen. Empowerment zeigt sich entsprechend in der selbst erlangten Autonomie und Selbsttätigkeit. Die neuen Mitbürger/innen lösen nicht nur formale Fragen und meistern lebenspraktische Aufgaben, sondern erleben sich selbst als wirksame und prägende Mitglieder der Gemeinschaft.

Literatur

Allmannritter, V. (2017). Menschen mit Migrationshintergrund als Kulturpublikum. Erfolgsfaktoren zur Ansprache durch Kulturinstitutionen. In ISS e. V. (Hrsg.), *Migration, Kunst und Kultur* (S. 297-304). Weinheim: Beltz Juventa (Migration und Soziale Arbeit, 39/4).
Altinzencir, M. (2019). Rechtliche Rahmenbedingungen für geflüchtete Menschen in Deutschland und die Aufgaben der Sozialen Arbeit. Eine Bestandsaufnahme im Hinblick auf die Praxis. In B. Wartenpfuhl (Hrsg.), *Soziale Arbeit und Migration. Konzepte und Lösungen im Vergleich* (S. 55-70). Wiesbaden: Springer Fachmedien.
Bundesamt für Migration und Flüchtlinge [BAMF] (2016). *Integration durch Sport.* www.bamf.de/DE/Infothek/Projekttraeger/IntegrationSport/integrationsport-node.html. Zugegriffen: 29. März 2018.
Barboza, K. (2019). Soziale, kulturelle, strukturelle und identifikatorische Integration als Querschnittsaufgabe der Sozialen Arbeit. In I. Jansen & M. Zander (Hrsg.), *Unterstützung von geflüchteten Menschen über die Lebensspanne. Ressourcenorientierung, Resilienzförderung, Biografiearbeit* (S. 308-325). 1. Aufl. Weinheim, Basel: Beltz Juventa.
Bartels, T. (2016). Demographischer Wandel. Integration als Chance für den ländlichen Raum. In H. Meyer, K. Ritgen & R. Schäfer (Hrsg.), *Flüchtlingsrecht und Integration. Handbuch* (S. 360-371). Wiesbaden: Kommunal- und Schul-Verlag (KSV Verwaltungspraxis).
Bundesverband Deutscher Gartenfreunde [BDG] (2006). *Miteinander leben. Integration im Kleingarten. Ein Leitfaden.* Bonn.

4.1 Organisation der Teilhabe am Leben in der Gesellschaft

BMJFFG (1990). *8. Kinder- und Jugendbericht*. Berlin: Bundesanzeiger (Verhandlungen des Deutschen Bundestages. Drucksachen, 11/6576).

Bommes, M. (2018). Die Rolle der Kommunen in der bundesdeutschen Migration-und Integrationspolitik. In F. Gesemann & R. Roth (Hrsg.), *Handbuch Lokale Integrationspolitik* (S. 99-124). Wiesbaden: Springer VS.

Erath, P., & Balkow, K. (Hrsg.). (2016). *Einführung in die Soziale Arbeit*. Stuttgart: Kohlhammer.

Friedrich, J. (2017). Plädoyer für das wachsende Haus. In J. Friedrich, P. Haslinger, S. Takasaki & V. Forsch (Hrsg.), *Zukunft: Wohnen. Migration als Impuls für die kooperative Stadt* (S. 16-28). Berlin: Jovis.

Grönheim von, H. (2019). Intersektionale Soziale Arbeit im asylpolitischen Ungleichheitssystem. In R. Braches-Chyrek, T. Kallenbach, Chr. Müller &L. Stahl (Hrsg.): *Bildungs- und Teilhabechancen geflüchteter Menschen* (S. 183-195).*Kritische Diskussionen in der Sozialen Arbeit*. Opladen, Berlin, Toronto: Verlag Barbara Budrich,

Grunwald, K. & Thiersch, H. (2018). *Lebensweltorientierung*. In G. Graßhoff, A. Renker & W. Schröer (Hrsg.): *Soziale Arbeit. Eine elementare Einführung* (S. 303-315). Wiesbaden, Springer VS

Hajji, R., & Ühre, F. (2017). Unter welchen Einflussbedingungen sich Geflüchtete mit Deutschland identifizieren. Eine quantitative Studie. In ISS e. V. (Hrsg.), *Migration und Soziale Arbeit. Zugehörigkeitsverständnis im Wandel?* (S. 28-36). Weinheim: Beltz Juventa (Migration und Soziale Arbeit, 39/1).

Heiner, M. (2010). *Kompetent handeln in der Sozialen Arbeit*. München: Ernst Reinhardt (Handlungskompetenzen in der sozialen Arbeit, 1).

Herriger, N. (2018). Empowerment. In H. Bassarak (Hrsg.), *Lexikon der Schulsozialarbeit* (S. 157-159). 1. Aufl. Baden-Baden: Nomos.

Jakob, G. (2018). Bürgerschaftliches Engagement in der Sozialen Arbeit. In G. Graßhoff, A. Renker & W. Schröer (Hrsg.), *Soziale Arbeit. Eine elementare Einführung* (S. 713-726). Wiesbaden: Springer VS.

Klassen, M. (2010). *Soziale Problemlösung als Aufgabe der Sozialen Arbeit, des Case- und Sozialmanagements. Lehrbuch*. Innsbruck: Studia Universitätsverlag (MCI Wissenschaft & Praxis).

Klassen, M. (2017). *Case Management mit System. Neue Impulse für eine systemtheoretische Praxis*. Heidelberg: medhochzwei (Case Management in der Praxis).

Lehmann, T. (2017). Machtlos mächtig – Wie asymmetrisch ist Flüchtlingssozialarbeit? In T. Kunz & M. Ottersbach (Hrsg.), *Flucht und Asyl als Herausforderung und Chance der Sozialen Arbeit* (S. 54-63). 1. Sonderheft Migration und Soziale Arbeit. 1. Aufl. Weinheim: Beltz Juventa (Migration und soziale Arbeit: […], Sonderheft, 1).

Lützenkirchen, A., Herrmann, M., Posch, G., & Schmahl, R. (2013). *Natur, Gärten und Soziale Arbeit. Theorie und Praxis naturgestützter Intervention*. Unter Mitarbeit von Annika Witting. Lage: Jacobs.

Nowak, J. (2009). *Soziologie in der Sozialen Arbeit*. Schwalbach/Ts.: Wochenschau-Verlag (Grundlagen Sozialer Arbeit).

Obrecht, W. (1996). Sozialarbeitswissenschaft als integrative Handlungswissenschaft. Ein metawissenschaftlicher Bezugsrahmen für eine Wissenschaft der Sozialen Arbeit. In R. Merten, P. Sommerfeld & T. Koditek (Hrsg.), *Sozialarbeitswissenschaft – Kontroversen und Perspektiven* (S. 121-183). Neuwied, Kriftel: Luchterhand.

Peterek, G. (2017). „Nicht nur für, sondern mit Flüchtlingen arbeiten". Ehrenamtliche Hilfe in einer freien Initiative. In W. Meints-Stender & G. Schmid Noerr (Hrsg.), *Geflüchtete Menschen. Ankommen in der Kommune* (S. 179-188). 1. Aufl. Leverkusen: Barbara Budrich.

Phineo (2016). *Themenreport „Begleiten. Stärken. Integrieren – ausgezeichnete Projekte und Ansätze für Flüchtlinge in Deutschland"*. www.bamf.de/DE/Infothek/Projekttraeger/IntegrationSport/integrationsport-node.html. Zugegriffen: 29. März 2018.

Piecuch, S. (2017). *„Wir sehen nicht die Zahlen, wir sehen die Menschen". Flüchtlingsarbeit eines diakonischen Migrationsfachdienst*. Berichte aus der Praxis. In W. Meints-Stender & G. Schmid Noerr (Hrsg.), Geflüchtete Menschen. Ankommen in der Kommune (S. 161-170). 1. Auflage. Leverkusen: Budrich, Barbara,

Prognos (2017). *Prognos Studie Wohnungsbautag 2017*, https://www.prognos.com/uploads/tx_atwpubdb/Prognos_Studie_Wohnungsbautag_2017.pdf. Zugegriffen: 20.01.2020

Reimann, B. (2018). *Wohnsituation und Wohneigentumserwerb von Migrantinnen und Migranten*. In F. Gesemann und R. Roth (Hrsg.): *Handbuch Lokale Integrationspolitik* (S. 549–563). Wiesbaden, Springer VS.

Ritscher, W. (2007). *Soziale Arbeit: systemisch. Ein Konzept und seine Anwendung*. Göttingen: Vandenhoeck & Ruprecht.

Schirilla, N. (2016). *Migration und Flucht. Orientierungswissen für die Soziale Arbeit*. 1. Auflage. Stuttgart: Verlag W. Kohlhammer (Handlungsfelder sozialer Arbeit).

Schmid Noerr, G. (2017). Migration – Staatliche Ausschlussrechte und individuelle Menschenrechte. Was kann, wird und muss einem Einwanderungsland zugemutet werden? In W. Meints-Stender & G. Schmid Noerr (Hrsg.), *Geflüchtete Menschen. Ankommen in der Kommune* (S. 27-42). 1. Aufl. Leverkusen: Barbara Budrich.

Schnur, O. (2018). *„Quartiersentwicklung für alle?"*. Von Integrationsdiskursen und Quartierspolitiken. In F. Gesemann & Roland Roth (Hrsg.), *Handbuch Lokale Integrationspolitik* (S. 373–391). Wiesbaden, Springer VS.

Schönig, W. (2008). *Sozialraumorientierung. Grundlagen und Handlungsansätze*. Schwalbach/Ts.:Wochenschau Verlag

Schubert, H. (Hrsg.). (2008). *Netzwerkmanagement. Koordination von professionellen Vernetzungen. Grundlagen und Praxisbeispiele*. 1. Aufl. Wiesbaden: VS Verlag für Sozialwissenschaften (Lehrbuch).

Schwerzmann, L. (2013). *Kleingärten. Traditionelle und neue Formen des gemeinschaftlichen Gärtnerns im städtischen Umfeld*. Zürich, Rapperswil: VDF; HSR, Hochschule für Technik Rapperswil, Institut GTLA.

Sinus (2018). *SINUS-Studie zu den Migranten-Lebenswelten in Deutschland 2016*. https://www.sinus-institut.de/sinus-loesungen/sinus-migrantenmilieus/. Zugegriffen: 24. März 2018.

Zimmermann, O. (2018). Kultur, Kunst und Kulturpolitik in der Einwanderungsgesellschaft. In F. Gesemann & R. Roth (Hrsg.), *Handbuch Lokale Integrationspolitik* (S. 601-608). Wiesbaden: Springer VS.

4.2 Kommunale Steuerung
Andrea Tabatt-Hirschfeldt

Zusammenfassung

Von der Aufnahme über die Verteilung bis zur Integration geflüchteter Menschen nimmt die öffentliche Verwaltung sowohl als strategisch als auch als operativ agierender Akteur eine besondere Bedeutung ein. Viele andere institutionelle Akteure und informell Engagierte sind dabei an verschiedenen Schnittstellen mit der Verwaltung vernetzt (vgl. Kapitel 2.4, 3.2 und 4.3). Diese Netzwerkpartner benötigen in der Kooperation mit der Kommunalverwaltung Wissen um deren Funktionsweisen und Steuerungsprämissen, weshalb eingangs die kommunalen Steuerungsmodi vorgestellt werden (Kapitel 4.2.1).

Die Probleme und Herausforderungen kommunaler Geflüchteten- und Integrationspolitik werden anhand von Untersuchungsergebnissen verschiedener Studien aufgezeigt, sowie Erfolgsfaktoren und Best Practices der Geflüchteten- und Integrationsarbeit auf kommunaler Ebene dargelegt. Zur Weiterentwicklung werden Anregungen für zukünftige Gestaltungen aufgeführt (Kapitel 4.2.2).

Die Anregungen für die zukünftige Weiterentwicklung lassen sich clustern in die Themenbereiche Vernetzung, Standards und Strukturen sowie politische Erfahrung und Verantwortung (Kapitel 4.2.3).

Verschiedene Organisationsmodelle bieten Vor- und Nachteile zur Überwindung institutionell zerstückelter Lebenswelten geflüchteter Menschen. Die Einrichtung eines eigenen Fachbereichs Migration und Integration gilt dabei als vorteilhaft, weil er die verschiedenen kommunalen Leistungen bündelt und Abstimmungsprozesse vereinfacht (Kapitel 4.2.4).

Integrationsmanager/innen nehmen in der Verbindung zwischen strategischer Ausrichtung und operativer Umsetzung eine Schlüsselrolle ein. Dabei kommen ihnen verschiedene Rollen zu, weshalb sie eine Vielzahl von Fähigkeiten (skills) mitbringen müssen (Kapitel 4.2.5).

Lernziele

Sie erhalten einen Überblick über die kommunalen Steuerungsmodi. Diese sind entscheidend für die hierarchische bzw. heterarchische Steuerung der Flüchtlingsintegration. Sie schätzen verschiedene Organisationsmodelle der

Migrations- und Flüchtlingsarbeit ein und erhalten einen Einblick in die vielfältigen Aufgabenbereiche einer/eines Integrationsmanager/in.

> **Schlüsselbegriffe**
>
> Akteure, Bürokratie, Geflüchtetenintegration, Integrationspolitik, Neues Steuerungsmodell (NSM), Organisationsformen, Public-Governance, Sozialplanung

4.2.1 Kommunale Steuerungsmodi

Die Kommunalverwaltung folgte im Verlauf der letzten Jahrzehnte unterschiedlichen Leitbildern. Ausgehend von dem originären Bürokratiemodell, das auf den Organisationssoziologen Max Weber zurückgeht, verfolgte die Verwaltung bis in die 90er Jahre hinein das Leitbild der Ordnungskommune, die sich insbesondere an dem Input orientiert (Weber, 1980). D.h., sie reguliert sich über Vorschriften, Dienstanweisungen, Erlasse u.a.m. Diese Inputorientierung zeigt sich auch darin, dass die bürokratische Verwaltung dann, wenn sie an Probleme stößt, diese zuvörderst durch ein Mehr an Ressourcen zu beheben versucht. Neben einem Mehr an Vorschriften sind dies beispielsweise auch der Ruf nach mehr Personal, mehr Regulation oder auch mehr Kontrolle und Mauern verschiedener Art, wenn man an die Regulation des Geflüchtetenzustroms denkt.

Im Zuge der neoliberalen Politik unter der Regierung Schröder wurde im Kontext der Agenda 2010 u.a. Bürokratieabbau propagiert. Innerhalb der Verwaltung erfolgte ein Paradigmenwechsel von der Ordnungs- zur Dienstleistungskommune. Die Kommunalverwaltung folgt hierbei dem Leitbild eines modernen Dienstleistungsunternehmens. Dies wird durch das Neue Steuerungsmodell (NSM) der Kommunalen Gemeinschaftsstelle für Verwaltungsmanagement (KGSt) inhaltlich ausgeformt (insbesondere KGSt 1993). Das Dienstleistungsunternehmen Kommunalverwaltung orientiert sich dabei am Output, den Bedarfen und Wünschen der ortsansässigen Wirtschaft und den Bürger/innen, die folgerichtig als Kund/innen bezeichnet werden. Im Sinne des NSM geht es zum einen um Fragen der effizienten, sprich kostengünstigen und schnittstellenarmen Verteilung von Geflüchteten, wobei z.B. Prozessmanagement von Bedeutung ist (Prozessbibliothek der KGSt). Zum anderen geht es um Fragen der Effektivität und Qualität, die sich z.B. bei der Integration geflüchteter Menschen stellen.

4.2 Kommunale Steuerung

Der zweite Paradigmenwechsel vollzieht sich etwa seit der Jahrtausendwende. Hier gewinnen Governance-Diskurse in Form von Public Governance bzw. Local Governance für die Kommunalverwaltung an Bedeutung (Tabatt-Hirschfeldt 2018). Die KGSt entwickelt in diesem Zusammenhang ihr NSM weiter zum Kommunalen Steuerungsmodell (KSM). Dies folgt dem Leitbild der Bürgerkommune, das sich an den Wirkungen, dem Outcome, orientiert. Die Kommunalverwaltung überwindet damit die Binnenorientierung ihrer Leitbildentwicklung, indem sie kommunale Wirkungen in einem Netzwerk gemeinsam mit Stakeholdern gestaltet. Hiermit verabschiedet sie sich auch von einem top-down Steuerungsgedanken und entwickelt sich zum Moderator einer bottom-up Gestaltung (Schubert 2018). Dies ist für die Einbindung ehrenamtlicher Bürger/innen der Willkommenskultur ebenso von Bedeutung wie für die Einbindung institutioneller Akteure, um die Verknüpfung der unterschiedlichen Integrationsfelder wie Bildung, Arbeit, Wohnung etc. im Sinne eines abgestimmten Integrations- bzw. Netzwerkmanagements zu gewährleisten.

Im Überblick ergeben sich daher zwei Leitbildverschiebungen von der Input- zur Outputsteuerung sowie von der Outputsteuerung zur Outcomegestaltung:

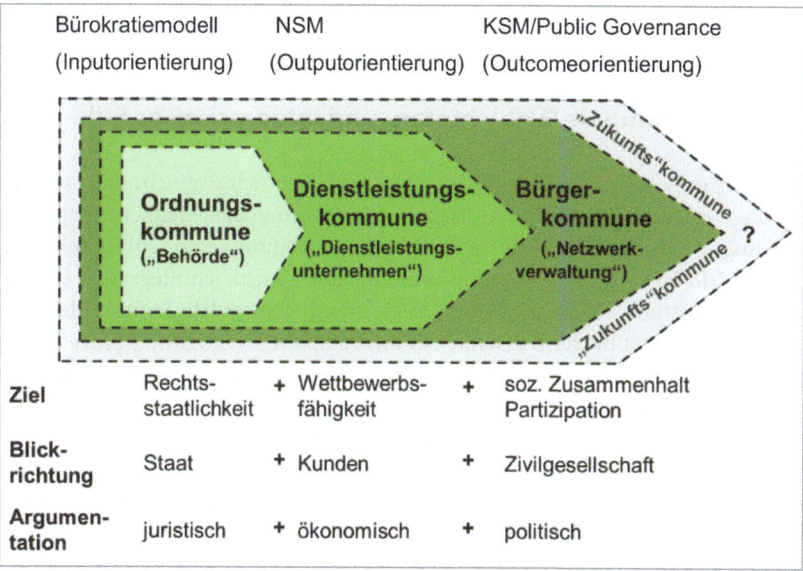

Abb. 4.4 Leitbildverschiebungen in der kommunalen Verwaltung
Quelle: Ergänzte Darstellung in Anlehnung an © KGSt 2013, S. 10

Eine lineare zeitliche Betrachtung der kommunalen Steuerungsmodi greift jedoch zu kurz. Manchmal bestehen die Steuerungsmodi parallel zueinander oder ergänzen sich fallweise sogar. Zur Verdeutlichung ein *Fallbeispiel, Verhinderung einer Straftat durch einen gewaltbereiten unbegleiteten minderjährigen Geflüchteten:*

- Beobachtung und Zugriff erfolgen nach einem abgestimmten und geplanten Ablauf, das Gelingen ist von der Befolgung der Vorgaben abhängig (Bürokratie).
- Die Einsatzplanung erfolgt auf der Grundlage eines effizienten Personaleinsatzes (NSM).
- Bei der Verhinderung von Straftaten durch gewaltbereite extremismusgefährdete, minderjährige Geflüchtete arbeitet die Polizei in einem Präventionsprogramm in einem Stadtteil mit hohem Geflüchtetenanteil sowie einer Gemeinschaftsunterkunft für Geflüchtete in einem Netzwerk mit verschiedenen Hilfsorganisationen sowie freiwilligen Helfer/innen zusammen (Public Governance/KSM).

Für eine detaillierte Beschreibung der vorgestellten Steuerungsmodi sowie Paradigmenwechsel verweise ich auf das Lehrbuch Öffentliche Steuerung und Gestaltung der kommunalen Sozialverwaltung im Wandel – Eine Einführung (Tabatt-Hirschfeldt 2018).

4.2.2 Kommunale Geflüchteten- und Integrationspolitik

Im Nachgang zur Flüchtlingswelle im Jahr 2015 haben sich zwei sehr unterschiedlich angelegte Studien mit der Ausrichtung der kommunalen Geflüchtetenpolitik (Stiftung Mercator und die Universität Bochum, Bogumil et al. 2017a) bzw. mit Erfolgsfaktoren für eine gelingende kommunale Geflüchteteneintegration (Friedrich-Ebert-Stiftung, Gesemann & Roth 2017) befasst. Während die Stiftung Mercator und die Universität Bochum sich intensiv mit komplexen Verwaltungsprozessen in zwei Kommunen beschäftigt haben, um das Verwaltungshandeln in der Geflüchtetenpolitik mit dem Schwerpunkt kommunaler Integration zu erfassen und daraus Handlungsempfehlungen abzuleiten, hat die Friedrich-Ebert-Stiftung eine breit angelegte Kommunalbefragung zu zwei Zeitpunkten durchgeführt. In Form von Onlinebefragungen wurden für Flucht und Migration zuständige Mitarbeitende von Kommunalverwaltungen Anfang 2016 (Beteiligung: 270 Kommunen) und Ende 2016 (Beteiligung: 114 Kommunen) zu ihrer Einschätzung verschiedener Aspekte, welche die Bewältigung der Einwanderung betreffen, befragt.

4.2.2.1 Probleme und Herausforderungen

Die Universität Bochum erkennt vier Grundprobleme in der Geflüchtetenpolitik, die sich eher mit den Rahmenbedingungen für die Umsetzungsschwierigkeiten für die kommunalen Verwaltungen befassen. Jedoch lassen sich Verbesserungsbereiche auch auf kommunaler Ebene ausmachen (s. u.):

1. Zersplitterte Zuständigkeiten: Es gibt keine/n Gesamtprozessverantwortliche/n. Die gesetzlichen Zuständigkeiten zersplittern vielmehr die Prozesse in die verschiedenen Bereiche Asyl und Integration.
2. Probleme bei Qualität und Aufgabenwahrnehmung des BAMF wie z. B. Verfahrensdauer, „Qualität der Bescheide, unterschiedliche Anerkennungsquoten, Trennung von Anhörung und Entscheidung, mangelnde Kommunikation mit Ausländerbehörden und Gerichten, Qualität des Ausländerzentralregisters" (Bogumil et al. 2017b, S. 7).
3. Formale Regelungen verhindern die ausreichende Berücksichtigung der Besonderheiten der verschiedenen Zielgruppen. Dies gilt „vor allem im Bereich Bildung und Ausbildung (bei der Anerkennung von Zeugnissen und Berufserfahrungen) oder in ihrer Ausführung, bei der mehr Aufwand als Nutzen erzeugt wird (aufwendige Einzelfallprüfungen statt Pauschalierungen)" (Bogumil et al. 2017b, S. 8).
4. Ständige Rechtsänderungen ziehen eine lange verwaltungsgerichtliche Klärung nach sich und verhindern so effizientes Verwaltungshandeln.

Die Kommunalbefragung der Friedrich-Ebert-Stiftung identifiziert verschiedene Herausforderungen der Kommunen in Bezug auf Aufnahme und Integration Geflüchteter, die sich differenzieren lassen nach Herausforderungen, die sich auf die Geflüchteten selbst beziehen, wie Unterbringung, Sprachförderung, Qualifizierung etc., bzw. auf die lokale Gesellschaft (Information und Einbindung, Förderung interkultureller Begegnungen, Prävention gegenüber Fremdenfeindlichkeit etc.). Im Verlauf haben sich die Herausforderungen innerhalb dieser beiden Bereiche jedoch verschoben:

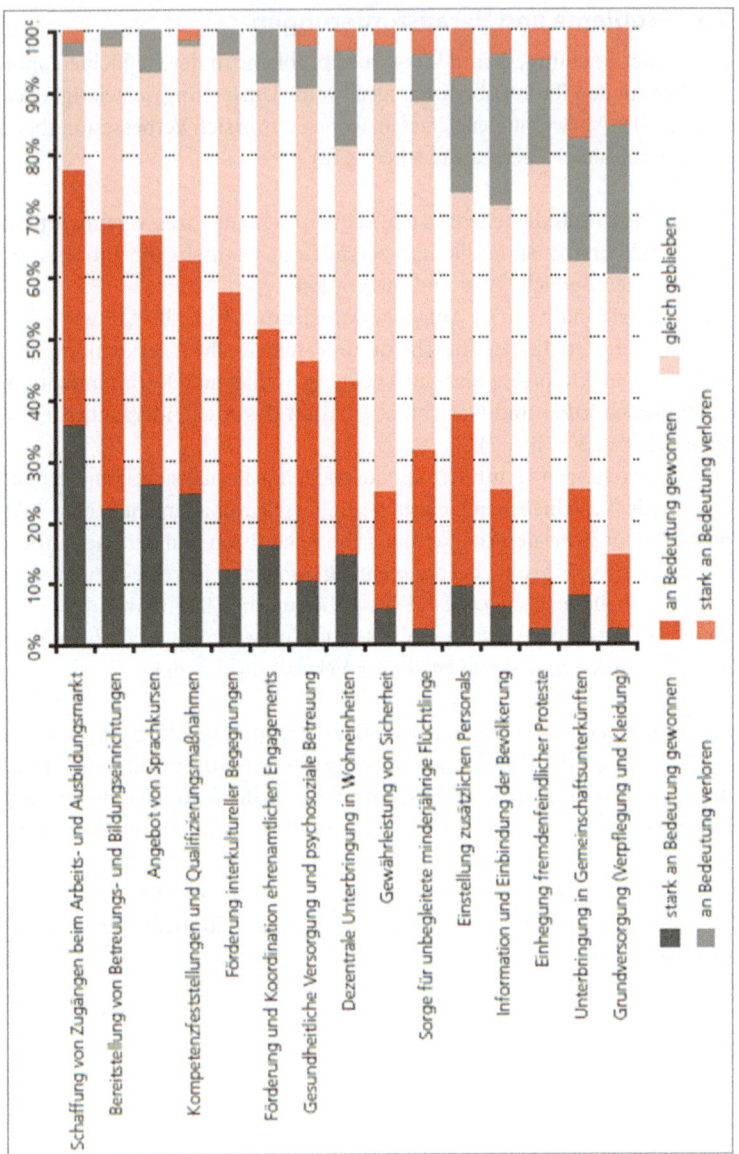

Abb. 4.5 Verschiebung der Bedeutung der Herausforderungen der Aufnahme und Integration Geflüchteter in Kommunen

Quelle: © Gesemann & Roth 2017, S. 14

Ging es Anfang 2016 eher um Unterbringung und Grundversorgung geflüchteter Menschen bzw. die Einhegung fremdenfeindlicher Prozesse, haben sich die Herausforderungen in Richtung von Integrationsbemühungen insbesondere bei den Themenfeldern Sprache, Bildung, Qualifizierung und Arbeit sowie Begegnung verschoben. Die größte Bedeutung haben dabei nach Einschätzung der kommunal Verantwortlichen für die kommunale Geflüchteten- und Integrationspolitik:

„1. Schaffung von Zugängen zum Arbeitsmarkt (4,10[1]),
2. Bereitstellung von Bildungs-, Betreuungs- und Erziehungseinrichtungen (3,90),
3. Angebot von Sprachkursen (3,88),
4. Kompetenzfeststellungen und Qualifizierung (3,86) sowie
5. Förderung interkultureller Begegnungen (3,67)" (Gesemann & Roth 2017, S. 14).

4.2.2.2 Erfolgsfaktoren und Best Practices

Die verschiedenen in den Studien identifizierten Erfolgsfaktoren und Best Practices für eine gute Geflüchteten- und Integrationsarbeit auf kommunaler Ebene lassen sich in drei Themencluster untergliedern:

- Eine strategische Vernetzung, was sowohl die kommunalen Strukturen und Prozesse als auch die entsprechenden Anschlussfähigkeiten an andere Akteure im Sinne eines Public Governance betrifft.
- Die Gestaltung operativer Abstimmungsprozesse mit den gesellschaftlichen Akteuren sowohl in Bezug auf operative Querschnittsaufgaben als auch auf die unterschiedlichen Integrationsfelder bezogen.
- Einbindung und Stärkung der gesellschaftlichen Akteure als Koordinationsaufgabe der Kommunalverwaltung des ehrenamtlichen Engagements.

4.2.2.3 Strategisch vernetzte Ausrichtung

Die strategische Ausrichtung kommunaler Geflüchtetenpolitik lässt sich daran festmachen, dass Integration als Schlüsselaufgabe der Kommune wahrgenommen wird, um „Chancen und Potenziale von Einwanderung zu erschließen sowie Barrieren und Schwierigkeiten zu überwinden" (Gesemann & Roth 2017, S. 22). Lokales Integrationsmanagement zielt damit auf die Bewältigung von Aufgaben und Herausforderungen ab, die mit der langfristigen Integration geflüchteter Menschen in die Gesellschaft verbunden sind. Hierbei ist Public Governance von besonderer Bedeutung, wie die Studie dies bei der Vernetzung zentraler Akteure,

---

1   Einschätzung der Kommunen auf einer Skala von 5 (sehr wichtig) bis 1 (unwichtig).

der Förderung freiwilligen Engagements sowie bei der Einbindung der Bevölkerung in eine lokale Integrations- und Vielfaltspolitik ausweist. Während die klassischen Steuerungsinstrumente interner Koordination (Verankerung von Integration als Querschnittsaufgabe, kommunale Integrationskonzepte oder Integrationsmonitoring) in größeren Städten von Bedeutung sind, hat die Förderung freiwilligen Engagements in Kleinstädten das größte Gewicht (Gesemann & Roth 2017, S. 22).

Ein Best-Practice-Beispiel einer strategisch integrativen Ausrichtung ist eine zentrale Anlaufstelle (Front-Office, Kap. 4.2.3): Das „Haus für Integration" der Stadt Wuppertal vereinigt auf Grundlage einer Kooperationsvereinbarung Aufgaben des städtischen Ressorts Einwanderung und Integration, des Jobcenters sowie der Bundesagentur für Arbeit. Das integrierte Angebot aufenthalts-, leistungs- und arbeitsmarktrechtlicher Fragen eingewanderter und geflüchteter Menschen richtet sich dabei nicht nur an diese selbst, sondern auch an Organisationen sowie allgemein an interessierte Menschen (Gesemann & Roth 2017, S. 22). Auch die Universität Bochum spricht sich für eine ganzheitliche Bearbeitung aus und sieht den Schlüssel dafür in einer prozessorientierten Bündelung, um zersplitterten kommunalen Zuständigkeiten zu begegnen. Dies folgt dem Lebenslagenprinzip der outputorientierten Produktsteuerung des NSM: „Die Nutzer der Verwaltungstätigkeit müssen hier nicht selbst nach Ansprechpartnern und Zuständigkeiten in einem komplexen System suchen, sondern es erfolgt eine zielgruppenspezifische Bündelung von Verwaltungstätigkeiten. Dieser Gedanke bietet sich auch für die Aufgaben der kommunalen Integration an. Einige Kommunen wie Arnsberg oder Wuppertal haben teilintegrierte Verwaltungseinheiten im Bereich Migration und Integration geschaffen und auch Jobcenter und Arbeitsagenturen (‚Integration Point') experimentieren schon mit solchen Formen integrierter Verwaltungsbearbeitung" (Bogumil et al. 2017b, S. 6). Maßgeblich für eine gelingende intrakommunale Zusammenarbeit ist dabei, dass „der koordinierenden Stelle umfassende Informations- und ggfs. Weisungsrechte gegenüber den relevanten Ämtern eingeräumt werden […]. Ebenso hilfreich kann sein, dass die Geflüchteten- und Integrationspolitik durch den Oberbürgermeister zur Chefsache erklärt wird, womit die koordinierende Stelle deutlich aufgewertet wird" (Bogumil et al. 2017a, S. 72).

Neben der Entwicklung gemeinsamer, integrierter kommunaler Angebote (vgl. auch Fachbereich Migration und Integration, Kapitel 4.2.3) stellt die Vernetzung der relevanten Stakeholder (Public Governance) einen weiteren wesentlichen Bereich der integrativen strategischen Ausrichtung dar. Dabei hat sich gezeigt, dass sich der Vernetzungsgrad in den Jahren 2011 bis 2016 „um Zehn-Prozentpunkte verbessert hat" und offenbar „die Aufnahme einer großen Zahl von Asylbewerber/innen und Flüchtlingen […] vor Ort den Handlungsdruck in Richtung auf eine Optimierung der Vernetzungsstrukturen erhöht" hat (Gesemann & Roth 2017, S. 25).

4.2 Kommunale Steuerung

Als einen Lösungsansatz für das Grundproblem der zersplitterten Zuständigkeiten erkennt auch die Studie der Universität Bochum die bessere Abstimmung zwischen den Beratungsangeboten als Querschnittsaufgabe Integration in Kommunen. Es wurde erkannt, dass es zwischen den Anbietern verschiedener Sektoren, wie Kommunen, Vereinen, Wohlfahrtsorganisationen sowie ehrenamtlich Engagierten, an Abstimmung mangelt. Daher kommt es „vor allem in größeren Städten zu einem räumlichen Nebeneinander gleicher Beratungsleistungen […]. Hier gibt es Optimierungspotenziale, die durch die Abschaffung von Doppelstrukturen und bessere Koordinierung genutzt werden könnten" (Bogumil et al. 2017b, S. 7). Die Kommunalverwaltung sollte dieses Integrationsnetzwerk koordinieren.

4.2.2.4 Operative Abstimmung(-sprozesse)

Die Kommunen sehen die wichtigsten Ressourcen zur Bewältigung der Herausforderungen der Flüchtlingsbewegungen insbesondere in der gelungenen Koordination zwischen Politik, Verwaltung und Zivilgesellschaft auf Grundlage eines kommunalen Konzepts zur Integration von Migrant/innen und Geflüchteten, was eine klassische Governance-Herausforderung darstellt. Als begünstigende Kontextfaktoren sind „gut ausgestattete Bildungs- und Gemeinschaftseinrichtungen, einwanderungsfreundliche Unternehmen, günstige Arbeitsmarktsituation" sowie ein „entspannter Wohnungsmarkt" von Bedeutung (Gesemann & Roth 2017, S. 16). Diese Ressourcen und Faktoren gilt es zu stärken. Als Voraussetzung für eine gute Abstimmung der zu koordinierenden Prozesse (s. o.) bedarf es eines verbesserten Datenaustauschs: „So wird bspw. vonseiten der Sozialämter bemängelt, dass kein eigener Zugriff auf das Ausländerzentralregister (AZR) besteht. Änderungen des Aufenthaltsstatus der Leistungsempfänger sind nur durch persönliche Nachfragen beim Ausländeramt in Erfahrung zu bringen. Aus diesem Grund sollte allen relevanten Behörden (u. a. Sozialamt und Jobcenter) der Zugriff auf das AZR gewährt werden. Gleichzeitig müssen Qualität und Aktualität der im AZR zur Verfügung gestellten Daten verbessert werden. Diesbezüglich ist besonders das BAMF in die Pflicht zu nehmen" (Bogumil et al. 2017a, S. 12). Um die operativen Prozesse sowohl innerhalb der Kommunalverwaltung als auch in Anbindung der externen Akteure zu koordinieren sowie Informationsverluste zu minimieren, bedarf es eines kommunal koordinierten Fallmanagements (Bogumil et al. 2017b, S. 7). Dies ist eine Schlüsselaufgabe des/der Integrationsmanager/in (vgl. Kapitel 4.2.4).

Die Universität Bochum hat in ihrer Studie die vier wesentlichen kommunalen Integrationsbereiche einheitliches Sprachangebot, integrierte Wohnungsvermittlung, integrierte Bildungsangebote sowie integriertes Arbeitsangebot erkannt. Sie gibt folgende Handlungsempfehlungen zum Prozessmanagement, welche dem NSM zuzuordnen sind:

- Einheitliches Sprachangebot: Örtliche Sprachkursdatenbanken können einen Überblick über die verschiedenen Sprachkursangebote privater und öffentlicher Angebote mit Zulassungsbedingungen bieten, um auch zeitnah die Belegung von Anschlusskursen sicherzustellen. Ergänzend erscheint der Einsatz von Bildungskoordinator/innen sinnvoll, um die zentralen Beratungsstrukturen zu stärken: „Zudem fehlt es an Angeboten für Personen mit eingeschränktem Aufenthaltsstatus, obwohl diese Personen häufig über Jahre in Deutschland sind bzw. sein werden. Sinnvoller wäre ein einheitliches Angebot an Sprach- und Integrationskursen für alle Geflüchteten und Asylbewerber von Anfang an" (Bogumil et al. 2017b, S. 9).
- Integrierte Wohnungsvermittlung: Anstelle eines mehrstufigen Verfahrens der Anschlussunterbringung sollte auf ein einstufiges Verfahren umgestellt werden. Damit kann die Anzahl der Schnittstellen zwischen den zuständigen Behörden sowie der Koordinations- und Kommunikationsaufwand reduziert werden. Zudem kann damit die Integration vor Ort frühzeitiger betrieben werden. Obgleich nach dem Rechtskreiswechsel vom AsylbLG ins SGB II bzw. XII eine eigenständige Wohnungssuche vorgesehen ist, sollten „Jobcenter oder die Kommune (z. B. durch das Wohnungsamt) Geflüchtete bei der Wohnungsbeschaffung unterstützen" und auch für Vermieter/innen bei Unsicherheiten Beratung bieten (Bogumil et al. 2017b, S. 10). Darüber hinaus gilt es, bürokratische Hürden abzubauen, z. B. bei der Ausstellung von Wohnberechtigungsscheinen (positiver BAMF-Bescheid ausreichend): „[B]ei der Gewährung des Zuschusses zur Wohnungseinrichtung und ähnlichen Sachlagen sollten die zuständigen Behörden vorwiegend auf Pauschalen zurückgreifen, um Behördenpersonal zu entlasten und integrationsrelevante Schritte zu beschleunigen" (Bogumil et al. 2017b, S. 11). Aufgrund des angespannten Wohnungsmarkts gilt es allgemein, Programme des sozialen Wohnungsbaus auszuweiten.
- Integrierte Bildungsangebote: Besonders in Hinblick auf frühkindliche Bildungsangebote gilt es, mehr Transparenz zu schaffen. Auch hier sollte Bürokratie abgebaut werden, indem sämtliche Leistungen des Bildungspakts gemeinsam beantragt werden können sowie der Zugang ins Bildungssystem beschleunigt wird (Übersetzung von Zeugnissen durch Übersetzungsbüros, Schuleingangstests in zentralen Einrichtungen statt zeitintensiver Zeugnisbegutachtung). In den Institutionen frühkindlicher Bildungseinrichtungen, Schulen sowie Berufsschulen ist es zudem notwendig, das Personal in Bezug auf Geflüchtete zu schulen.
- Integriertes Arbeitsangebot: Es gilt Programme mit wenig Verwaltungsaufwand und angemessener Bezahlung zu entwickeln, die auch die Vereinbarkeit mit Integrations- und Sprachkursen berücksichtigen. Arbeitsverbote sollten abgeschafft werden, stattdessen sollten Vereinfachungen etabliert werden, wie

der „Wechsel von Asyl zu einem Arbeitsvisum nach schwedischem Vorbild" (Bogumil et al. 2017b, S. 14). Als deutsches Good Practice gilt der „Integration Point" in Bochum, eine rechtskreisübergreifende Anlaufstelle für alle geflüchteten Menschen. Unabhängig vom Stand des Asylverfahrens werden sie an für sie zuständige Mitarbeiter/innen weitergeleitet.

4.2.2.5 Engagementförderung

Als wichtigste Ressourcen über die Kommunen bei der Bewältigung von Aufnahme und Integration geflüchteter Menschen gelten engagierte Bürger/innen sowie die Engagementförderung. Unabhängig von der Größe der Kommunen bedeutet die Kooperation mit zivilgesellschaftlichen Akteuren (Public Governance) die wichtigste Handlungsstrategie (vhw 2016, S. 12). Auch ein Gemeinschaftsprojekt der KGSt, Bertelsmann-Stiftung und Robert-Bosch-Stiftung erkennt in einer Vernetzung aller relevanten Akteure das wesentliche Schlüsselelement erfolgreicher kommunaler Integrationspolitik (KGSt 2017a, S. 24ff.). Entsprechend kommtes darauf an, eine abgestimmte Geflüchteten- und Integrationspolitik zu entwickeln, die „auf produktive Kooperationsbeziehungen mit den zivilgesellschaftlichen Akteuren vor Ort setzt und die Einbindung der Bevölkerung insgesamt als wichtige Gestaltungsaufgabe kommunaler Integrationspolitik ansieht" (Gesemann & Roth 2017, S. 17). Als Good Practice gilt beispielsweise die von der Verwaltung eingerichtete Koordinationsstelle für die Flüchtlingsarbeit (Landkreis Bernkastel-Wittlich) mit den vier Themenschwerpunkten Ehrenamt, Sprache, Arbeit und Öffentlichkeitsarbeit. Die Kooperation mit der Agentur für Arbeit und dem Jobcenter sowie verschiedenen frei-gemeinnützigen Trägern zielt auf abgestimmte Begleitung und Unterstützung geflüchteter Menschen ebenso wie auf Wertschätzung und Stabilisierung des Ehrenamts ab (Gesemann & Roth 2017, S. 17).

Das Berliner Institut für empirische Integrations- und Migrationsforschung (BIM) hat in einer gemeinsamen Studie mit der Bertelsmann-Stiftung Koordinationsmodelle und Herausforderungen ehrenamtlicher Geflüchtetenhilfe in Kommunen untersucht. Es lassen sich drei Typen kommunaler Koordination in der Geflüchtetenhilfe unterscheiden, die sich gegenseitig ergänzen:

- *Zentrale Koordination:* Hauptamtliche zentrale Koordinationsstelle der Stadt zur Vernetzung von freien Trägern und Ehrenamtlichen sowie zur Unterstützung bestehender ehrenamtlicher Strukturen. Erfolgsfaktoren zentraler Koordinationsstellen sind:
  ◦ ein Rollenverständnis, das sich als Unterstützung (Public Governance), nicht als Steuerung (Bürokratiemodell/NSM) versteht;

- Wahrnehmung von „Netzwerkarbeit, Informationsbündelung, Supervision, Anlaufstelle für Dritte, Verteilerstelle für einmalige Angebote" als wesentliche Aufgaben (BIM & Bertelsmann-Stiftung 2016, S. 11);
- eine mit Entscheidungsbefugnissen versehene Netzwerkkoordination, die an Runden Tischen verbindliche Regeln der Zusammenarbeit durch die Akteure definiert hat;
- von den Verwaltungen benannte Ansprechpersonen für die Initiativen;
- Standards für Beratungs- sowie Qualifikationsangebote, die an die Berufstätigkeit Ehrenamtlicher angepasst sind;
- Einbindung von Selbstorganisation der geflüchteten Menschen.

- *Netzwerkkoordination*: mehr oder wenig institutionalisierter Austausch und Abstimmung aller Akteure an Runden Tischen. Idealerweise „auf Augenhöhe" treffen Betreiber von Unterbringung, Bundespolizei, Verwaltungsstellen, Initiativen, Spendenwillige, freie Träger u. a. zusammen, die Freiwillige in ihrer Arbeit einbeziehen. In der Praxis haben allerdings Engagierte häufig den Eindruck, dass sie in die Entscheidungen nicht einbezogen werden: „Den Hauptnutzen der Netzwerk-Koordination sehen Akteure daher im Austausch über Erfahrungen und Bedarfslagen. Die Funktion des Austauschs der Akteure ist für die ehrenamtliche Geflüchtetenhilfe von großer Bedeutung" (BIM & Bertelsmann-Stiftung 2016, S. 9).
- *Initiativenkoordination*: In ehrenamtlicher Selbstorganisation übernimmt eine Initiative die Koordination Engagierter. Dies ist meist in kleinen Kommunen bzw. Landkreisen der Fall: „Die Aufgabenbereiche der Initiativen umfassen vor allem: Begleitung, Deutschunterricht, Beratung, Erstversorgung, Begegnungsangebote und Freizeitgestaltung" (BIM & Bertelsmann-Stiftung 2016, S. 8). Teilweise übernehmen die Initiativen staatliche Aufgaben (Lotsenfunktion, Verständigung, Aufklärung über bestehende Rechte). In Bereichen wie Beratung, Deutschunterricht oder Koordination kann es zur Überlastung kommen, wenn es nicht gleichzeitig staatlich verantwortliche Strukturen gibt.

In Kommunen sollten alle drei Koordinationstypen vorhanden sein, um eine gute Zusammenarbeit der verschiedenen Ebenen zu gewährleisten.

4.2.3 Anregungen für die Zukunft

4.2.3.1 Vernetzung

Gelingende kommunale Integration geflüchteter Menschen ist in hohem Maße von der wechselseitigen Information, Kooperation sowie Koordination aller Akteure abhängig (Public Governance). Hierbei sollten alle drei Koordinationstypen aufeinander abgestimmt werden: „Für eine nachhaltige Zusammenarbeit von Kommunen und freiwilligen Initiativen ist es sinnvoll, eine ausreichende Stellenanzahl zu schaffen und die Koordinatorinnen und Koordinatoren tarifgerecht zu bezahlen" (BIM & Bertelsmann-Stiftung 2016, S. 55). Eine besondere Herausforderung besteht darin, operative Inseln miteinander zu verbinden und gemeinsam an übergreifenden Zielen auszurichten: „Im Bereich der sozialen Leistung wird dabei zunehmend deutlich, dass eine qualitativ gute Unterstützung nur dann gegeben ist, wenn alle Akteure vernetzt sind und sich gegenseitig einbinden – sowohl die Professionellen als auch die Engagierten und die Betroffenen selbst" (Bertelsmann-Stiftung 2018, S. 97). Vernetzungsansätze, die gemeinsam politische Leitlinien entwickeln und den Stadtrat dabei einbeziehen, gelten als besonders zukunftsweisend. Diese gilt es weiter zu stabilisieren und entwickeln (Gesemann & Roth 2017, S. 40).

4.2.3.2 Standards und Strukturen

Aufbau- und Ablauforganisation sollten aufeinander abgestimmt sowie bedarfsgerecht weiterentwickelt werden. Strukturen und Standards sind auch daraufhin zu überprüfen, „wo sie dem sinnvollen Handeln im Wege stehen. Um gute Rahmenbedingungen für Zusammenarbeit zu schaffen, sollten wir auch vor den Ideen tiefgreifender Reformen nicht zurückschrecken. Am Ende macht es wenig Sinn, immer neue Ansätze und Modelle zu entwickeln, wenn das darunterliegende System Ungleichheit und Spannungen erzeugt, die ein Miteinander erschweren" (Bertelsmann-Stiftung 2018, S. 97). Statt also in bestehende Systeme hinein neue Strukturen einzufügen und so einen „unübersichtlichen Flickenteppich" zu generieren, empfiehlt es sich, outcomeorientiert Strukturen und Prozesse anzupassen und gegebenenfalls das inzwischen Unangemessene zu eliminieren.

4.2.3.3 Politische Erfahrung und Verantwortung

Als zentrale Erfolgsbedingung sind die langjährigen, guten Erfahrungen von Politik und Verwaltung in der Integrationspolitik zu nutzen und strategisch orientiert weiterzuentwickeln (Gesemann & Roth 2017, S. 39). Die Willkommenskultur und die Freiwilligenarbeit im Kontext von Flucht und Migration haben zudem eine „politische Wirkung gegen rechte Stimmungsmache", engagierte Initiativen nehmen damit eine „zentrale Rolle für den gesellschaftlichen Zusammenhalt ein" (BIM & Bertelsmann-Stiftung 2016, S. 56). Kommunalpolitik und Verwaltung stehen hier in der Pflicht, dies öffentlichkeitswirksam anzuerkennen, um den sozialen Zusammenhalt zu fördern. Führungskräfte und Entscheidungsträger/innen in Verwaltung und Politik sind gefragt, gute Rahmenbedingungen wie z. B. die Aufbau- und Ablauforganisation oder auch die Chancen guter Zusammenarbeit (s. o.) aufeinander abgestimmt weiterzuentwickeln: „Dabei gilt es, u. a. die Auswirkungen von Gesetzen und Verordnungen, eine ‚Projektitis' und mögliche Konkurrenzen zwischen Partnern im Blick zu haben und die Bedarfe der Zielgruppe in den Mittelpunkt zu stellen. Der Normenkontrollrat kann hier als mögliches Beispiel dienen" (Bertelsmann-Stiftung 2018, S. 97).

4.2.4 Organisationsmodelle des Geflüchtetenmanagements

Die Lebenswelt geflüchteter Menschen ist allein schon innerhalb der Kommunalverwaltung institutionell zerstückelt, wodurch sich zahlreiche Funktions- und Hierarchiebarrieren ergeben (Schubert 2018, Kap. 1.2), wie die kommunale Leistungserbringung verdeutlicht (s. Abb. 4.6).

Diese versäulte Strukturierung verhindert eine ganzheitliche Prozessbearbeitung (NSM). Insofern bestehen hier negative Wechselwirkungen zwischen Aufbau- und Ablauforganisation: „Öffentliche Verwaltungen, aber auch gemeinnützige und gewinnorientierte Organisationen sind hierarchisch aufgebaut und in Bereiche gegliedert, die jeweils ihre eigenen Ziele und Prioritäten haben. Die Einteilung ist dabei nicht selten das Ergebnis eines politischen Aushandlungsprozesses zwischen einzelnen Personen oder aber internen Bearbeitungsprozessen geschuldet und damit nicht auf die ganzheitliche Lösung von Problemen außerhalb der eigenen Organisation zugeschnitten. Lebensweltliche Handlungsfelder liegen dann quer zur Organisationsstruktur und werden aus Sicht der Organisation zu abteilungs- oder dezernatsübergreifenden Querschnittsthemen, die einer internen Zusammenarbeit bedürfen" (Bertelsmann-Stiftung 2018, S. 32–33).

4.2 Kommunale Steuerung

		1 Asylsuchender	2 Asylbewerber (Status: Aufenthaltsgestattung)	3 Geduldeter (Status: kein Aufenthaltstitel/Ausreisepflichtiger)	4 Asylberechtigter (Status: Aufenthaltserlaubnis)
	Ordnungsrechtliche Leistungen, Sozialleistungen/Handlungsfelder der Integration				
A	Ordnungsbehördliche Leistungen	Fachbereich Ordnung – Meldewesen	Fachbereich Ordnung – Ausländerbehörde	Fachbereich Ordnung – Ausländerbehörde	Fachbereich Ordnung – Ausländerbehörde
B	Leistungen der Sozial- und Jugendhilfe	Fachbereich Jugend – Inobhutnahme	Fachbereich Soziales – Asylbewerberleistungsgesetz	Fachbereich Soziales – Asylbewerberleistungsgesetz	Jobcenter
			Fachbereich Jugend	Fachbereich Jugend	Fachbereich Soziales
					Fachbereich Jugend
	Handlungsfelder der Integration				
C	Wohnen	Fachbereich Gebäudemanagement			
D	Sprache	Integrationsbeauftragter/kommunales Integrationszentrum/Stabsstelle Migration und Integration …	Integrationsbeauftragter/kommunales Integrationszentrum/Stabsstelle Migration und Integration …	Integrationsbeauftragter/kommunales Integrationszentrum/Stabsstelle Migration und Integration …	Integrationsbeauftragter/kommunales Integrationszentrum/Stabsstelle Migration und Integration …
E	Bildung		Fachbereich Bildung	Fachbereich Bildung	Fachbereich Bildung
F	Arbeitsmarkt und Wirtschaft		Jobcenter/Integrationspoints	Integrationspoint	Jobcenter/Integrationspoints
G	Gesundheit	Fachbereich Gesundheit	Fachbereich Soziales	Fachbereich Soziales	
		Fachbereich Soziales			
H	Sport und Kultur		Fachbereiche Bildung, Sport, Kultur	Fachbereiche Bildung, Sport, Kultur	Fachbereiche Bildung, Sport, Kultur
I	Sicherheit	Fachbereich Ordnung	Fachbereich Ordnung	Fachbereich Ordnung	

Abb. 4.6 Operative Inseln des kommunalen Geflüchtetenmanagements
Quelle: © KGSt 2017a, S. 46

Eine Kienbaum-Studie zum Geflüchtetenmanagement der öffentlichen Verwaltungen ergab, dass 43 % der befragten Kommunen davon ausgehen, dass sich ihr Geflüchtetenmanagement durch eine veränderte Aufbauorganisation (NSM) verbessern lässt (Kienbaum 2016). Die Bertelsmann-Stiftung erkennt in einem „durch die Politik beschlossenen Strukturumbau" eine von vier zentralen Herausforderungen in der Zusammenarbeit zwischen Kommunalverwaltung und Zivilgesellschaft (2018, S. 41). Bei der Wahl der Organisationsstruktur sollten Kommunen berücksichtigen, dass die Aufgabe des Geflüchteten- und Integrationsmanagements

- „strategische Steuerungsprozesse in Gang setzt,
- strategische Handlungskonzeptionen und die Integration in die Gesamtstrategie der Verwaltung erfordert,
- gleichzeitig aber auch die operative Umsetzung von Maßnahmen der Integration, wie Unterbringung und Versorgung, umfasst,
- eine komplexe Querschnittsaufgabe darstellt, d. h., von einer Vielzahl von Fachbereichen Leistungen zu erbringen sind,
- viele Bereiche und Akteure auch außerhalb der Kommunalverwaltung einbezieht,
- ordnungsbehördliche und sozialbehördliche Aufgaben (Ausländerbehörden und Sozialämter) ebenso umfasst wie sozialpädagogische (Migrationssozialarbeit) und technische Aufgaben (Gebäudemanagement),
- flexibles, agiles Handeln (z. B. bei der Schaffung von Geflüchtetenunterkünften) genauso erfordert wie langfristiges Handeln um Integrationserfolge zu erzielen" (KGSt 2017a, S. 42-43).

Vor der Entscheidung über die Struktur sollten Kommunen sich einen Überblick darüber verschaffen, welche Organisationseinheiten bislang mit welchen Leistungen des Geflüchteten- und Integrationsmanagements befasst sind. Es lassen sich verschiedene Modelle der kommunalen Aufbauorganisation im Geflüchtetenmanagement unterscheiden: die Einrichtung einer Stabsstelle als am häufigsten genutzte Organisationsform, eine Projektorganisation, die Integration in die bestehende Linie oder die Einrichtung eines eigenen Fachbereichs Migration und Integration. Diese weisen unterschiedliche Vor- und Nachteile auf:

- *Stabsstelle*: Die Stabsstelle befördert eine einheitliche Gesamtstrategie, ermöglicht kurze Entscheidungs- und Reaktionswege bei Ansiedlung an dem/der Bürgermeister/in. Sie setzt jedoch eine enge Abstimmung mit den dezentralen Einheiten, die über die entsprechenden Ressourcen verfügen (fachliche, personelle und finanzielle), voraus, weshalb es feste Abstimmungs- wie Kooperationsprozesse zu etablieren gilt. Als Nachteile gelten die Anzahl der entsprechenden Schnittstellen sowie eine fragliche Durchsetzungsfähigkeit operativer Integrationsmaßnahmen.
- *Projektorganisation*: Die interdisziplinäre Zusammensetzung des Projektteams unterstützt den Querschnittscharakter, reduziert Schnittstellen zwischen den

4.2 Kommunale Steuerung

Linien und hilft so funktionale Barrieren zu überbrücken. Zeitlich befristete Arbeitsaufträge ermöglichen zudem flexible Reaktionen auf geänderte Handlungsbedarfe. Die Durchsetzungsfähigkeit des Projektteams gegenüber der Hierarchie setzt allerdings klare Rollendefinitionen voraus. Viele Kommunen haben sich für die Projektorganisation im Herbst 2015 als eine schnelle Reaktion auf die angestiegenen Geflüchtetenzahlen entschieden, jedoch verhindert dies strategisch ausgerichtete, langfristige Handlungsansätze und den entsprechenden Aufbau fester Organisationsstrukturen des Integrationsmanagements.

- *Integration in die bestehende Linie/eigener Fachbereich Migration und Integration*: In einem eigenen Fachbereich werden alle betroffenen Aufgabenbereiche zusammengeführt (Leistungen nach AsylbLG und Unterbringung, Ausländerbehörde mit den koordinierenden und steuernden Organisationseinheiten des Integrationsmanagements). An diese umfassende Bündelung lässt sich gut ein übergreifendes Fallmanagement (vgl. Kapitel 4.2.2) andocken, das von Kommunen oder freien Trägern geleitet werden kann (Public Governance). Damit können die Leistungen ganzheitlich weiterentwickelt werden, Schnittstellen und Zielkonflikte werden reduziert und fachliches Know-how wird gebündelt. Die Durchsetzungsfähigkeit für Integration gegenüber anderen Organisationseinheiten wird zudem durch ein eigenes Budget gestärkt. Hingegen wird der Querschnittscharakter und damit die Überwindung der Barrieren (s. o.) erschwert.

Die Bildung eines eigenen Fachbereichs Migration und Integration wird von der KGSt sowie der Studie der Stiftung Mercator (Bogumil et al. 2017a) bevorzugt. Der Fachbereich dient zugleich als Front-Office und ist somit eine Anlauf- und Beratungsstelle für geflüchtete Menschen sowie Migrant/innen. Diese lebensweltliche Bündelung kommunaler Leistungen mit Schwerpunkt auf der Sicht der Nutzer/innen gilt als richtungsweisend (Bogumil et al. 2017a, S. 72).

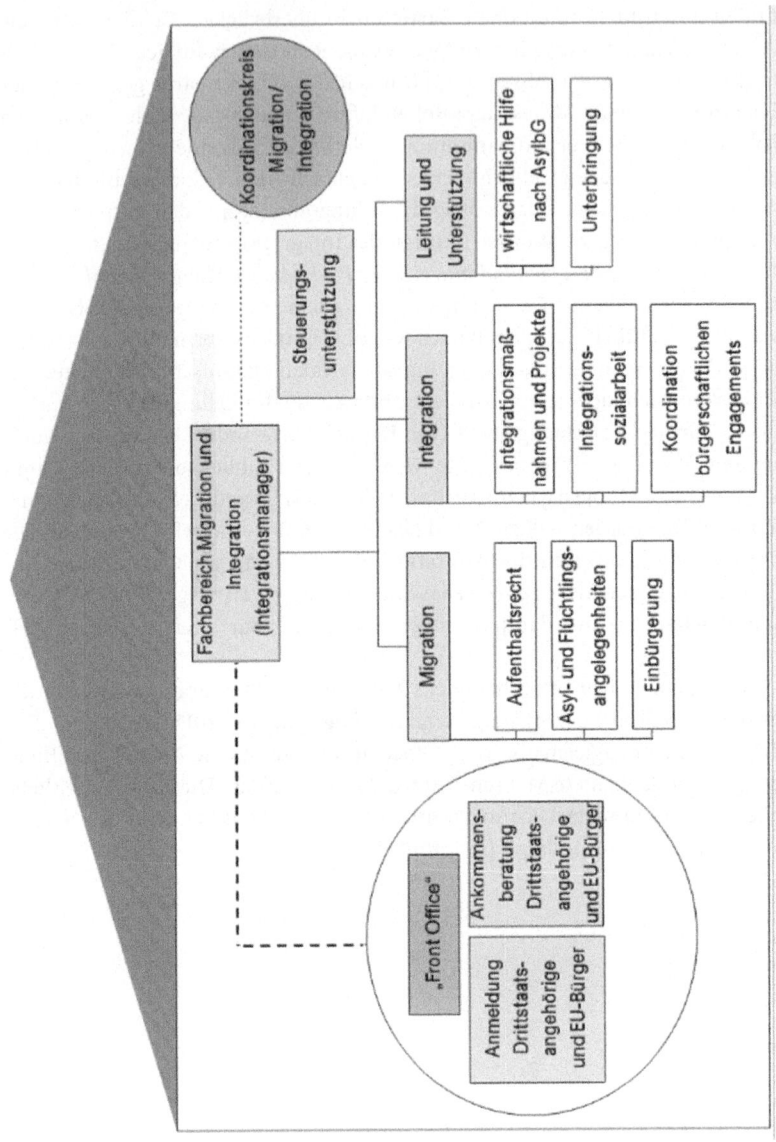

Abb. 4.7 Ganzheitlicher Fachbereich Integration und Migration
Quelle: © KGSt 2017a, S. 51

Dabei fällt der *Fachbereichsleitung* die Bündelung zu einer Gesamtstrategie zu, indem sie kommunales Integrationsmanagement mit sozialraumorientierter Sozialplanung sowie Sozialpolitik verbindet. Sie wird von der *Stabsstelle Steuerungsunterstützung Migration/Integration* bei Koordination der Aufgaben sowie Sammlung und Aufbereitung steuerungsrelevanter Informationen unterstützt. Dem *zentralen Koordinierungskreis Migration/Integration* obliegt die fachbereichsübergreifende Koordinierung sowie Verzahnung zwischen strategischer Steuerung und operativer Umsetzung. Die einzelnen *Abteilung*en teilen sich die Aufgaben: Integrationsmaßnahmen (Zuweisung der Geflüchteten), Gebäudemanagement (technisches, infrastrukturelles und kaufmännisches Gebäudemanagement der Geflüchtetenunterkünfte) sowie Leistungen des AsylbLG/Unterbringung (Kostenerstattung und Abrechnung gemäß AsylbLG). Das *Front-Office* dient als Erstberatung für Geflüchtete sowie Migrant/innen und übernimmt die Anmeldung von EU-Bürger/innen und zugewiesener Geflüchteter.

Diese gebündelte kommunale Struktur ist eine gute Voraussetzung für eine Weiterentwicklung im Sinne einer Governance-Struktur einer heterarchischen Steuerung: „Die hierarchische Form des Steuerns durch die öffentliche Verwaltung in der Kommune wird dabei abgelöst von einer neuen Steuerungsform, bei der die hierarchischen Top-down-Führungsmuster abnehmen und partizipative Formen der Aushandlung kommunaler Entwicklungsperspektiven zunehmen" (Bertelsmann-Stiftung 2018, S. 86). Für diese zukunftsweisende Weiterentwicklung schlägt die Bertelsmann-Stiftung fünf Bausteine vor:

1. „Two-Mode"- bzw. „Akteur-Ereignis"-Netzwerkanalyse: Dokumentenanalyse (z. B. Protokolle von Arbeitskreisen) zu vorhandenen Netzwerkstrukturen und Schlüsselpersonen (Netzwerkknoten).
2. Stakeholderanalyse: Überprüfung, inwieweit die Netzwerkstrukturen die Ansprüche der Akteure berücksichtigen.
3. Befragung zur Aufklärung der Netzwerkkoordination: leitfadengestützte Interviews der identifizierten Schlüsselpersonen zur Praxis der Netzwerke.
4. Vertiefende Befragung der Schlüsselpersonen: zum Erkennen der Beziehungsachsen und -inhalte zwecks Weiterentwicklung der Netzwerkstrukturen.
5. Abschlussworkshop mit Netzwerkakteuren (auf operativer und strategischer Ebene): Ergebnispräsentation der ersten vier Schritte als Anstoß eines Kommunikationsprozesses zur Entwicklung von Perspektiven zur Weiterentwicklung des Netzwerkes (Bertelsmann-Stiftung 2018, S. 86-87).

4.2.5 Integrationsmanager/in im kommunalen Netzwerk

Das in Kapitel 4.2.2.4 Operative Abstimmung(-sprozesse) angesprochene kommunal koordinierende Fallmanagement wird durch Integrationsmanager/innen wahrgenommen (Public Governance). Die/Der Integrationsmanager/in stellt als Netzwerkknoten verschiedene Koordinationen innerhalb des kommunalen Geflüchtetenmanagements dar und verbindet die kommunale Sozialplanung mit dem Quartiersmanagement sowie der Integrationsarbeit in den Sozialräumen:

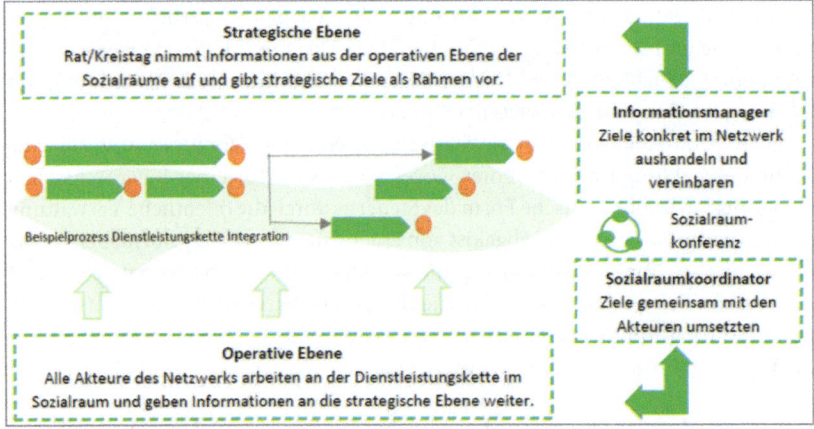

Abb. 4.8 Integrationsmanagement als Netzwerkknoten zwischen strategischer und operativer Ebene

Quelle: © KGSt 2017a, S. 32

Das mit der Kommunalpolitik abgestimmte normative Leitbild, konkretisiert durch den strategischen Rahmen und strategische Ziele, bildet die Rahmenbedingungen, innerhalb deren sich das Integrationsmanagement bewegt. In Sozialraumkonferenzen werden die Integrationsziele mit den Sozialraumkoordinator/innen abgestimmt. Im Sinne einer integrativen kommunalen Sozialplanung werden diese mit allen sozialen Planungsfeldern, wie der Kinder-, Jugend-, Behinderten- und Altenhilfe etc. sowie Akteuren der freien Träger, abgestimmt. Die Sozialraumkonferenz ist damit das wesentliche Bindeglied in einem Top-down- und Bottom-up-Gegenstromverfahren zwischen der operativen und strategischen Ebene, deren Ziele

4.2 Kommunale Steuerung

der/die Integrationsmanager/in entsprechend seines/ihres Zuständigkeitsbereichs konkretisiert und zwischen den Ebenen abstimmt.

Es lassen sich Empfehlungen aus dem Quartiersmanagement übertragen, die die Bertelsmann-Stiftung anhand von Best Practices generiert hat, um eine Gesamtstrategie unter Einbindung der kommunalen Sozialplanung zu entwickeln (vgl. Kapitel 4.2.4). Spiegelbildlich zur Struktur der Koordinationsformen (zentrale Koordinationsstelle, Netzwerkkoordination und Initiativenkoordination, vgl. Kapitel 4.2.2.5 Engagementförderung) lassen sich drei Rollen des Quartiersmanagements für Integrationsmanager/innen identifizieren, die im Folgenden skizziert werden. Die Integrationsmanager/innen agieren in ihren Rollen je nach Ebene zwischen strategischer Ausrichtung und operativer Umsetzung, mit jeweils unterschiedlichen Aufgabenzuschreibungen:

- *Quartierskoordinator/in (synonym: Integrationskoordinator/in)*: Zur Gesamtsteuerung gehört es, passende Akteure für die Zusammenarbeit zu gewinnen und die Netzwerksteuerung zu verantworten. Entsprechend sind die Verwaltungsstrukturen weiterzuentwickeln, um abhängig von der gewählten Organisationsform (vgl. Kapitel 4.2.3) eine gute Vernetzung innerhalb der Kommunalverwaltung zu gewährleisten.
- *Quartiersmanager/in (synonym: Integrationsmanager/in im engeren Sinne)*: Bündelung aller Aktivitäten sowie Durchführung von (sozialräumlichen) Integrationsanalysen. Gewinnung weiterer Verbündeter für die Netzwerkarbeit, insbesondere nicht organisierter Bürger/innen sowie Adressat/innen der Integrationsarbeit. Bei der partizipativen Integration sind die entsprechenden Erfolgsfaktoren zu berücksichtigen, „(z. B. frühzeitige Einbindung, Möglichkeit zum Austausch, angemessene Anerkennungskultur)" (Bertelsmann-Stiftung 2018, S. 83.)
- *Maßnahmenentwickler/in (synonym: Integrationsmaßnahmenentwickler/in)*: Für die gelingende Maßnahmensumsetzung bedarf es einer guten Zeitplanung, weshalb Instrumente des Projektmanagements (vgl. Kapitel 4.3) eingesetzt werden sollten. Für die Einzelmaßnahmen gilt es Verantwortliche zu gewinnen.

Das Ausfüllen der verschiedenen Rollen sowie das Agieren auf operativer Handlungsebene und mit strategischer Ausrichtung erfordert von Integrationsmanager/innen vielfältige Skills:

- Verständnis der Diversität von Netzwerkpartnern und ihrer Handlungslogiken;
- systemisches Denken, um das Netzwerk koordinieren können;

- partizipative Zielentwicklung innerhalb des Rahmens von Leitbild und strategischen Zielen;
- Ergebnisoffenheit im Herangehen an die Maßnahmengestaltung, dabei zugleich Übernahme der Ergebnisverantwortung;
- Übernahme einer vermittelnden und moderierenden Rolle zwischen Interessengruppen;
- Allparteilichkeit, da für eine funktionierende Netzwerkarbeit gemeinsame Ziele und Kompromisse aller Netzwerkpartner zu vertreten sind;
- professioneller Umgang mit widersprüchlichen Situationen, die entstehen, wenn unterschiedliche Interessen bestehen (Interessen der Kommune bzw. der Netzwerkpartner und auch persönliche Überzeugungen; KGSt 2017a, S. 36).

Der/Die Integrationsmanager/in ist dabei verantwortlich für die Steuerungsprozesse der Integration und muss sein/ihr Handeln entsprechend der kommunalen Gesamtstrategie ausrichten. Sie/„er sorgt dafür, dass die Prozesse zu Innovation, Planung, Steuerung, Koordination optimiert sind und gelebt werden. Dies bedeutet auch, dass [sie/]er dafür Sorge trägt, frühzeitig Kenntnis von relevanten gesetzlichen Änderungen zu erhalten, die [ihre/]seine Zielgruppe betreffen, und entsprechende Anpassungen im Angebotsgefüge initiiert. Dies kann bei den vielen involvierten Handlungsfeldern eine umfassende Aufgabe sein" (KGSt 2017a, S. 36).

Als erfolgreiche Strategien eines kommunalen Integrationsmanagements zeigen die Bertelsmann-Stiftung und die KGSt Integration als wechselseitigen Prozess, Integration als Daueraufgabe der Kommunen, Integrationsmanagement als Teil der Kommunalpolitik sowie das abgestimmte, proaktive und vernetzt sozialraumorientierte Denken auf (KGSt 2017b).

Literatur

Berliner Institut für empirische Integrations- und Migrationsforschung [BIM] & Bertelsmann-Stiftung (2016). *Koordinationsmodelle und Herausforderungen ehrenamtlicher Flüchtlingshilfe in den Kommunen*. Berlin, Gütersloh: Bertelsmann Stiftung.

Bertelsmann-Stiftung (2018). *Mehr Zusammenarbeit wagen! Herausforderungen in der Zusammenarbeit zwischen Kommunalverwaltung und Zivilgesellschaft – und Wege, sie zu bewältigen*. Gütersloh: Bertelsmann-Stiftung.

Bogumil, J., Hafner, J., & Kastilan, A. (2017a). *Städte und Gemeinden in der Flüchtlingspolitik. Welche Probleme gibt es – und wie kann man sie lösen? Studie*. Essen: Stiftung Mercator.

4.2 Kommunale Steuerung

Bogumil, J., Hafner, J., & Kastilan, A. (2017b). *Städte und Gemeinden in der Flüchtlingspolitik. Welche Probleme gibt es – und wie kann man sie lösen? Zentrale Befunde und Empfehlungen*. Essen: Stiftung Mercator.

Gesemann, F., & Roth, R. (2017). *Erfolgsfaktoren der kommunalen Integration von Geflüchteten*. Berlin: Friedrich-Ebert-Stiftung.

KGSt (1993). *KGSt-Bericht – Das Neue Steuerungsmodell*. Mai 1993. Köln: KGSt.

KGSt (2013). *KGSt-Bericht – Das Kommunale Steuerungsmodell (KSM)*. Köln: KGSt.

KGSt (2017a). *KGSt-Bericht – Kommunales Integrationsmanagement. Teil 1: Managementansätze und strategische Konzeptionierung*. Juli 2017. Köln: KGSt.

KGSt (2017b). *Kommunales Integrationsmanagement: Erklärvideo*. 4. Dezember 2017. https://www.youtube.com/watch?time_continue=358&v=eKhYjiX7st8. Zugegriffen: 8. August 2019.

Kienbaum (2016). *Kienbaum-Studie zum Flüchtlingsmanagement der öffentlichen Verwaltungen. Pressemitteilung 11.06.2016*. https://2018.kienbaum.com/de/news/presse/fluechtlingsmanagement-kommunen-sehen-grosse-chancen-in-besseren-prozessen. Zugegriffen: 8. August 2019.

Prozessbibliothek der KGSt (o. J.). *Themenkarten Flüchtlinge*. https://www.kgst.de/delegate/processlibrary/index.html?id=ID540315. Zugegriffen: 8. August 2019.

Schubert, H. (2018). *Netzwerkorientierung in Kommune und Sozialwirtschaft*. Wiesbaden: Springer VS.

Tabatt-Hirschfeldt, A. (2018). *Öffentliche Steuerung und Gestaltung der kommunalen Sozialverwaltung im Wandel – Eine Einführung*. Wiesbaden: Springer VS.

Vhw – Bundesverband für Wohnen und Stadtentwicklung (2016). *Die vhw-Kommunalbefragung: Herausforderung Flüchtlingskrise vor Ort. Begleitmaterial zum Pressegespräch am 28. April 2016*. Berlin: vhw – Bundesverband für Wohnen und Stadtentwicklung.

4.3 Management von Integrationsprojekten
Ludger Kolhoff

Zusammenfassung

Im folgenden Unterkapitel wird das Management von zeitlich, inhaltlich und finanziell befristeten, oft innovativen Vorhaben (Projekten) zur Integration von Geflüchteten mit seinen Besonderheiten und Herausforderungen behandelt und vor allem mit dem Fokus darauf betrachtet, wie Integrationsprojekte zu planen, umzusetzen und im Sinne einer Evaluation zu bewerten sind. Daneben werden sowohl die Projektbeteiligten als auch die Projektorganisation in den Blick genommen.

Lernziele

Sie lernen, wie Projekte mit Geflüchteten initiiert, geplant, umgesetzt, organisiert und evaluiert werden.

Schlüsselbegriffe

Projekt, Projektmanagement, Stakeholder, Controlling, Monitoring, Evaluation

4.3.1 Einführung

Projekte zur Integration von Geflüchteten sind in der Regel zeitlich und finanziell begrenzt sowie inhaltlich komplex und oft innovativ. Komplexität kann beispielsweise allein schon durch fehlende Informationen entstehen. Um Komplexität zu reduzieren und zu bewältigen, müssen Entscheidungen getroffen werden. Integrationsmanagement ist folglich Entscheidungshandeln, um Projekte zur Integration von Geflüchteten durch gezielte Interventionen zu stabilisieren und um Problemlösungen zu entwickeln, die effektiv im Sinne der Zielerreichung und effizient im Sinne eines adäquaten Einsatzes der verfügbaren Mittel sind.

4.3 Management von Integrationsprojekten

Abb. 4.9 Projektmanagement
Quelle: Eigene Darstellung

Dieses Entscheidungshandeln ist nicht selten von unbürokratischer Schnelligkeit und flexibler Anpassung an sich schnell ändernde Gegebenheiten geprägt. Diese Erfordernisse entsprechen oft nicht den Verwaltungsstrukturen, in denen sich die Entscheidungsträger bewegen.

> „Bei dem nationalen Flüchtlingsprojekt mit seinen zahlreichen Akteuren und Stakeholdern handelt es sich um ein Projekt-Netzwerk von hoher Komplexität mit einem großen Maß an Unsicherheit, auf das die hierarchischen Behörden-Strukturen nicht angemessen reagieren können. Mit Projektmanagement als Methode und Führungskonzept lässt sich die Komplexität der Flüchtlingsprojekte auf den unterschiedlichen Ebenen (Hilfsorganisation, Kommune, Land, Bund) strukturieren und leichter beherrschen. Es unterstützt sowohl das operative als auch das strategische Handeln und vermittelt den Akteuren einen gemeinsamen Bezugsrahmen. Zusammenhänge und Schnittstellen werden transparent und das Bewusstsein für die Notwendigkeit gemeinsamen Handelns steigt. Projektmanagement ermöglicht den vorausschauenden Umgang mit Komplexität, Unsicherheit, Chancen und Risiken. Aus ‚Wir schaffen das' wird ‚So schaffen wir das'."
> Quelle: Städte- und Gemeindebund Nordrhein-Westfalen (2016)

4.3.2 Projektbeteiligte

Direkte Projektbeteiligte sind die Projektleitung und das Team. Die Ergebnisqualität der Arbeit ist maßgeblich von der Führung des Teams durch die Projektleitung abhängig.

4.3.2.1 Projektleitung

Ein besonderes Augenmerk liegt folglich auf der Projektleitung, die auf drei Verantwortungsebenen agieren muss:

1. *Politische Ebene:* Auftraggeber für Projekte im Feld der Integration von Geflüchteten sind in der Regel Politik und/oder Verwaltung, die entscheiden, welches Projektziel angesteuert wird.
2. *Administrative Ebene:* Administrative Aufgaben ergeben sich von der Organisation über Information, Planung, Koordination bis zur Überwachung und Steuerung des Projektablaufs.
3. *Operative Ebene:* Auf der operativen Ebene geht es um die Durchführung des eigentlichen Projekts.

Es kommen ganz unterschiedliche Aufgaben zusammen, wie im folgenden Beispiel gezeigt wird.

Aufgabenbeschreibung	Ziele	Der/die Flüchtlingskoordinator/in hat die Flüchtlingshilfe im Kreise der Kommune durch eine strukturierte Helferorganisation, geeignete Methoden und Werkzeuge organisiert.
	Aufgaben	Der/die Flüchtlingskoordinator/in in der kommunalen Flüchtlingshilfe leitet die erforderlichen Maßnahmen zur strukturierten Organisation der Flüchtlinge. Er/sie bildet dabei ein schnell funktionierendes Netzwerk an Helfern. Er/sie ist in die Strategie der Flüchtlingshilfe innerhalb der Ortsgemeinde/Stadtleitung eingebunden. Er/sie dient auch als Teammotor zur Motivation der Helfer/innen.
	Sonderaufgaben	Teilnahme an Runden Tischen und ähnlichen Veranstaltungen innerhalb der Verbandsgemeinde bzw. des Kreises oder der Stadt.
	Hierarchieebene	Der/Die Flüchtlingskoordinator/in arbeitet direkt der Ortsgemeinde/Stadtleitung zu.

Abb. 4.10 Aufgabenbeschreibung der Tätigkeit der Flüchtlingskoordinator/innen Quelle: GPM o. J., S. 11

Projektleiter/innen müssen Termine, Kosten, MitarbeiterInnen, Wünsche der Geflüchteten etc. im Auge behalten. Erfolgreiches Projektmanagement ist in weiten Teilen Personal- und Beziehungsmanagement. Viele Projekte scheitern nicht aufgrund von inhaltlichen Schwierigkeiten, sondern weil es Probleme auf der Beziehungsebene gibt. Um Projektteams zu leiten, müssen Projektmanager/innen motivieren, kommunizieren und Konflikte managen.

4.3 Management von Integrationsprojekten

Was müssen Projektleiter/innen können?

Projektleiter/innen müssen „planerisch, organisatorisch und wirtschaftlich denken können. Weiterhin sollten sie einen kooperativen Arbeitsstil besitzen und Menschen einschätzen, anleiten, integrieren, fördern, motivieren und fortbilden können. Sie sollten über Motivation und Durchsetzungsvermögen verfügen, souverän auftreten können, das Projekt unternehmensintern vertreten können, diplomatisch geschickt agieren können und nicht in Konkurrenzmustern denken" (Litke et al. 2011, S. 14).

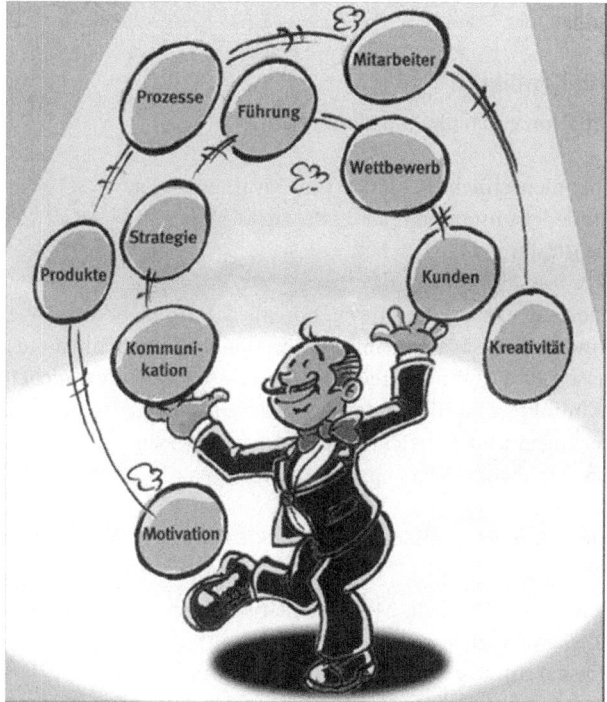

Abb. 4.11 Projektleiter/in
Quelle: better-projectmanagement

4.3.2.2 Projektteams

Zur Abwicklung von Projekten werden Projektteams gebildet. Ein Projektteam sollte aus fünf bis zehn Mitgliedern bestehen, denn Projektleiter/innen können nur eine begrenzte Zahl von Personen führen. Je kleiner die Gruppe ist, umso effektiver können Teamsitzungen geplant und Abstimmungen durchgeführt werden, denn Kommunikations- und Informationsflüsse verlaufen in Kleingruppen meist reibungsloser.

Was ist bei der Zusammenstellung des Projektteams zu beachten?

Projekte scheitern an Menschen. Die Zusammensetzung des Projektteams ist deshalb von hoher Bedeutung. Jedes Projektmitglied sollte die Aufgabe übernehmen, die es am besten kann. Die Stärken der einzelnen Teammitglieder sollten sich sinnvoll ergänzen.

Umgang mit Konflikten

Konflikte im Team entstehen u. a. dann, wenn:

- es zwischenmenschliche Konflikte und Rivalitäten gibt,
- Teammitglieder unmotiviert sind oder sich drücken,
- nicht klar ist, wer was zu tun hat.

Konflikte haben objektive (Strukturen, Vorgaben, Rahmenbedingungen etc.) und subjektive (individuelle Wahrnehmung, emotionale Betroffenheit etc.) Ursachen (Beck & Schwarz 2008). Oftmals sind die Hindernisse sozialer und nicht inhaltlicher Art. Doch Konflikte sind nicht nur negativ zu sehen, sondern auch eine Chance für Veränderungen und Entwicklungen, denn sie weisen auf Probleme hin und können zu konstruktiven Klärungsprozessen führen.

Was Sie können und tun müssen, *um Konflikte frühzeitig zu erkennen:*

- Sie brauchen die Fähigkeit, Menschen einschätzen und gruppendynamische Prozesse erkennen zu können.
- Achten Sie darauf, wie die Zusammenarbeit funktioniert.
- Wird Verantwortung übernommen und werden Aufgaben erfüllt?
- Geht das Team zielorientiert vor?
- Kommen kreative Vorschläge zustande?

Konflikte lösen

Wenn Sie Konflikte lösen wollen, dann sollten Sie Schuldzuweisungen vermeiden. Forschen Sie stattdessen gemeinsam nach den Ursachen. Achten Sie auf eine sachliche Vorgehensweise.

4.3 Management von Integrationsprojekten

Was Sie nicht tun sollten:

1. *Ignorieren:* Konflikten kann man nicht aus dem Weg gehen. Die Zeit heilt keine Probleme. Konflikte erledigen sich nicht von selbst.
2. *Bagatellisieren:* Wenn der Konflikt von der Teamleitung heruntergespielt wird, kommt es womöglich zur Eskalation der Situation.
3. *Instrumentalisieren:* Konflikte werden oftmals nach dem Motto „Wenn zwei sich streiten ..." von Dritten instrumentalisiert. Dies kann zu einer Verschärfung des Konflikts führen.
4. *Rationalisieren:* Wenn Sie den Konflikt rein rational betrachten und Gefühle nicht zur Kenntnis nehmen, führt das dazu, dass emotionale Motive verborgen bleiben. Dabei sind diese oftmals die Konfliktursachen.
5. *Regredieren:* Wer seine Möglichkeiten weitgehend ausgeschöpft hat, greift zu guter Letzt zu Methoden, die er schon als Kind eingesetzt hat – sei es trotziges, lautstarkes Auftreten, sei es Weinen oder Hilflosigkeit.
6. *Resignieren:* „Wer resigniert, hat seine Sache verloren" (Fehlau & Stock 2012, S. 71-75).

Was Sie tun sollten:

1. *Das Problem thematisieren:* Konfrontieren Sie Ihr Gegenüber mit den Konfliktursachen. Legen Sie das Problem offen.
2. *Lassen Sie sich nicht täuschen:* Seien Sie skeptisch, wenn jemand behauptet, es gebe keine Differenzen.
3. *Setzen Sie sich durch:* Sorgen Sie dafür, dass Ihr Standpunkt die gewünschte Akzeptanz findet.
4. *Bauen Sie eine persönliche Beziehung auf:* Hören Sie ruhig zu und zeigen Sie durch gezielte Fragen Ihr Interesse.
5. *Seien Sie vertrauenswürdig:* Gibt es Gründe, dass man Ihnen misstrauen könnte?
6. *Bringen Sie Vernunft und Emotionen ins Gleichgewicht:* Wenn Sie einen Konflikt beeinflussen wollen, müssen Sie sich darum bemühen, Ihr Gegenüber zu akzeptieren und seine Sichtweise zu verstehen. Darum gilt es, Sach- und Beziehungsaspekte auseinanderzuhalten.
7. *Betonen Sie gemeinsame Interessen:* Machen Sie deutlich, wie Ihre Vorstellungen mit denen des Gegenübers in Einklang zu bringen sind.
8. *Bleiben Sie in Kontakt:* Versuchen Sie den Kontakt nicht abreißen zu lassen. Konflikte wären oftmals lösbar, wenn die Beteiligten sich aufeinander einlassen würden.
9. *Treten Sie nicht den Rückzug an:* Wenn Sie sich zurückziehen oder die Beziehung abbrechen, sind Sie zu einer fast vollständigen Handlungsunfähigkeit verurteilt.

Sie können weder einer weiteren Eskalation des Konflikts entgegenwirken, noch eine vernünftige Lösung finden (Fehlau & Stock 2012, S. 76-83).

4.3.3 Projektorganisation

Wie können Projekte organisiert werden?

Für eine geschmeidige Projektumsetzung ist es erforderlich, dass alle Kompetenzen Zuständigkeiten, Verantwortlichkeiten und Pflichten eindeutig geregelt werden. Deshalb sollten Sie sich fragen:

- Wie können Verantwortungsbereiche und Kompetenzen für das Projekt geschaffen werden?
- Wie kann die Zusammenarbeit koordiniert und wie können Aufgaben und Ressourcen verteilt werden?
- Wie werden Entscheidungsprozesse geregelt?

Die Rollen und Zuständigkeiten sollten klar geregelt sein, wie im folgenden Beispiel gezeigt wird:

Rolle	Person
Koordinator/in	Silke Musterfrau
Wohnraumhelfer/in	Walter Mustermann
Möbelhelfer/in	Sven Holzwurm
Renovierungshelfer/in	Giovanni Paletti
Hausrathelfer/in	Siglinde Tafel
Bekleidungshelfer/in	Bruno Banani
Lebensmittelhelfer/in	Martha Satt
Behördengängehelfer/in	Jonny Anstalt
Mobilitätshelfer/in	Bernd Mobilus
Reparaturenhelfer/in	Peter Heil
Begegnungshelfer/in	N.N.
Dolmetscher/in	Sonja Translatus
Sprachkurshelfer/in	Dagmar Translatus
Kinderbetreuungshelfer/in	Pippi Langstrumpf
Organisationshelfer/in	N.N.
Pate/Patin (gesamtheitliche Betreuung)	Peter Globus
Unterstützer/in	Daniel Helfermann

Abb. 4.12 Rollen und Zuständigkeiten in einem Projekt der Geflüchtetenintegration Quelle: GPM o. J., S. 9

4.3 Management von Integrationsprojekten

Je nach Aufgabenfeld bieten sich die Organisationsformen der reinen Projektorganisation, die Stabprojekt- oder die Matrixorganisation an, um Verantwortungsbereiche und Kompetenzen zu regeln.

Bei der reinen Projektorganisation (Litke 2007, S. 69; Kolhoff 2013, S. 802) werden die am Projekt beteiligten Mitarbeiter/innen zeitweilig von den üblichen Hauptaufgaben entbunden und einem Projekt zu 100 % zugeordnet. Da alle Projektbeteiligten sich uneingeschränkt auf das Projekt konzentrieren können und es klare Verantwortlichkeiten gibt, ist diese Organisationsform für Projekte geeignet, die über einen längeren Zeitraum gehen. Der Nachteil liegt darin, dass entsprechende Ressourcen gebunden werden.

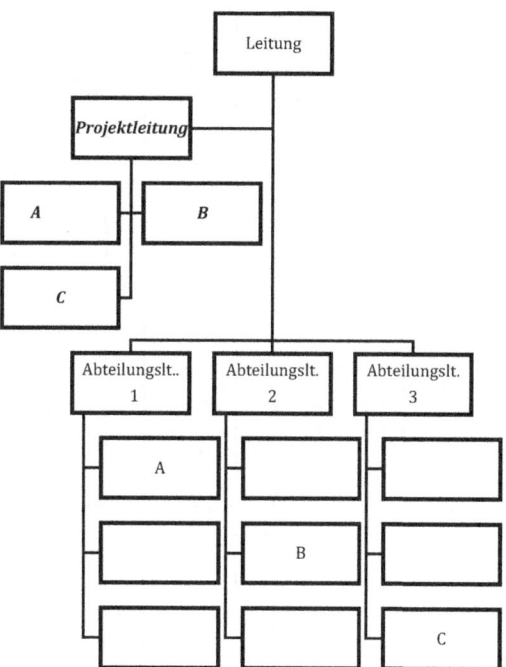

Abb. 4.13 Reine Projektorganisation
Quelle: Eigene Darstellung

Es kann sich ein eigenes Organisationsgefüge beispielsweise in Form einer Linienorganisation bilden, wie Abb. 4.14 zeigt.

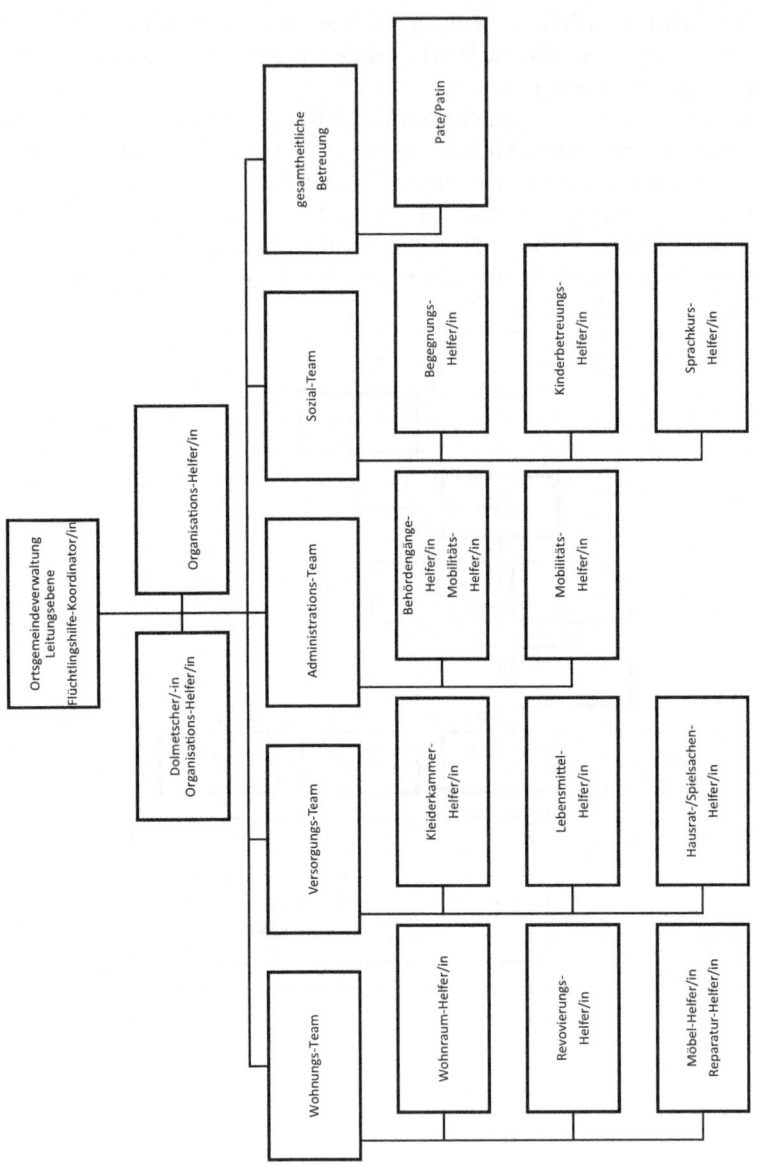

Abb. 4.14 Linienorganisation
Quelle: GPM o. J., S. 8

4.3 Management von Integrationsprojekten

Bei der Stabprojektorganisation (Kolhoff 2013, S. 803) wird die Projektleitung durch eine Stabsstelle übernommen. Die Projektmitglieder bleiben ihren jeweiligen Bereichen zugeordnet. Die Projektleitung übernimmt koordinierende Aufgaben, hat aber keine Entscheidungs- oder Weisungsbefugnis. Vorteil dieser Organisationsform ist, dass nur eine minimale Projektorganisation erforderlich ist. Die bestehende Organisation muss nur geringfügig umgestellt werden. Der Nachteil liegt darin, dass sich gegebenenfalls niemand außer der Projektleitung für das Projekt verantwortlich fühlt.

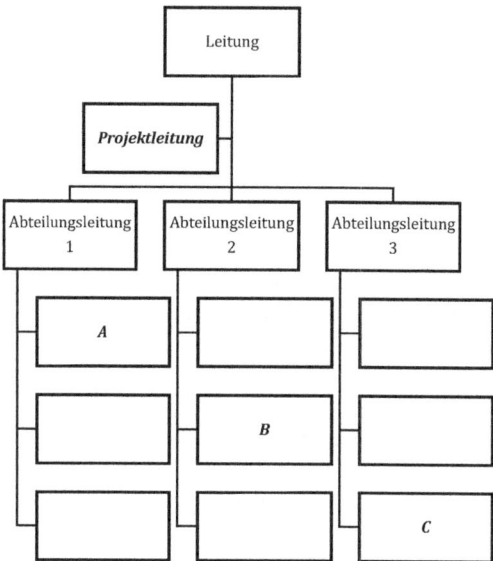

Abb. 4.15 Stabsprojektorganisation
Quelle: Eigene Darstellung

Eine weitere Organisationsstruktur, um Projekte in die Gesamtstruktur eines Unternehmens einzubinden, ist die Matrixorganisation, in der neben den Linienverantwortlichen auch die Projektleiter eine Weisungskompetenz besitzen (Litke 2007, S. 72; Kolhoff 2013, S. 805). In der Matrixorganisation wird das Modell einer hierarchischen Linienorganisation projektbezogen durch eine zweite Ebene ergänzt.

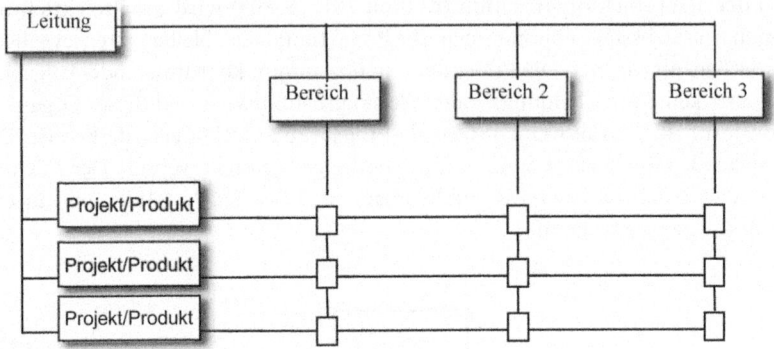

Abb. 4.16 Aufbau der Matrixorganisation
Quelle: Eigene Darstellung

Die Projektleiter/innen in der Matrixorganisation haben eine projektbezogene, fachliche Weisungsbefugnis. Disziplinarisch sind die Mitarbeiter/innen den Linienvorgesetzten unterstellt. Die Matrixorganisation ist flexibler als die Linienorganisation, doch kann es aufgrund von Weisungskonflikten zu Kommunikations- und Entscheidungsproblemen kommen.

4.3.4 Projektmanagement

Das Projektmanagement hat folgende Aufgaben:

- *Projekte vorbereiten* – Hierzu gehört die Akquise (Idee, Inhalt und Finanzierung) und Initialisierung von Projekten.
- *Projekte planen* – In der Planungsphase werden die Ziele festgelegt und das Projekt wird inhaltlich gegliedert (Kapazitäten, Kosten, Termine, Meilensteine und Zwischentermine). Der Projektverlauf wird zuerst grob, dann detailliert geplant.
- *Projekte umsetzen* – Aufgabe des Projektmanagements ist es, das Projekt mit geeigneten Instrumenten im Griff zu behalten. Monitoring und Controlling haben hier eine wichtige Funktion. Der Informationsaustausch und die Abstimmung zwischen allen Beteiligten sind wichtig (Monitoring). So sollten beispielsweise die Teammitgliedern regelmäßig über den Stand der Dinge berichten. Deshalb sind regelmäßige Meetings wichtig. Damit Projektmanager regelmäßig Bilanz über den Projektverlauf ziehen und bei unerwünschten Entwicklungen (zum

4.3 Management von Integrationsprojekten

Beispiel Budgetüberschreitungen) korrigierend eingreifen können, sollten weiterhin regelmäßig Ist-Daten ermittelt und den Soll-Daten gegenübergestellt werden (Controlling).
- Projekt evaluieren – Beim Projektabschluss geht es um die Abnahme durch den Auftraggeber. Hierzu werden Evaluationen durchgeführt.

4.3.4.1 Projekte vorbereiten

Projekte initiieren

Im Folgenden wird gefragt, wie Projekte entstehen und es werden die Techniken der Beteiligten-, Stakeholder-, Situations- und Problemanalyse des Projektmanagements vorgestellt.

Wie entstehen Projekte?

Ein Projekt beginnt mit einem Auftrag und endet mit der Auftragserledigung. Wenn der Auftrag von innen kommt, spricht man von einem *internen Projekt*, wenn er von außen kommt, von einem *externen Projekt*. Ohne Auftrag, gibt es kein Projekt, folglich gilt es einen Projektauftrag zu akquirieren. Es empfiehlt sich eine Projektskizze zu erstellen. Hierzu sollten Sie

- sich über Förderrichtlinien und Kriterien möglicher Auftraggeber informieren.
- das Problem beschreiben. Nach dem Marketingmotto „Der Wurm muss dem Fisch und nicht dem Angler schmecken", sollte dieses Problem etwas sein, das in den Zuständigkeits- oder Interessenbereich des zukünftigen Auftraggebers fällt. Denn nur dann werden sie sein Interesse wecken können.
- eine Problemlösung skizzieren.
- Vorgehensweisen, Ressourcen und Kosten auflisten. Dabei sollten Sie sich an den Förderrichtlinien und -kriterien des möglichen Auftraggebers orientieren.

Mit dieser Projektskizze sollten Sie auf potenzielle Fördergeber zugehen. Erst wenn es grünes Licht zur Grobkonzeption des Projekts gibt, empfiehlt es sich, einen Förderantrag zu stellen.

Rahmenbedingungen analysieren

Welche Rahmenbedingungen müssen analysiert werden?
Zur Projektvorbereitung gehören die Stakeholder- und Situationsanalyse.

Stakeholderanalyse

Wer sich für das Projekt interessiert und wer wie viel Einfluss hat, zeigt sich mithilfe der Stakeholderanalyse. Daraus werden Maßnahmen abgeleitet, mit denen das Projekt Unterstützung erhält und Widerstände gegen das Projekt aufgelöst werden können.

Welche internen und externen Stakeholder gilt es zu berücksichtigen?

In Projekten der Geflüchtetenintegration hat man es mit unterschiedlichen Projektbeteiligten zu tun, mit Personen, die aktiv an einem Projekt beteiligt sind, durch den Verlauf oder das Projektergebnis beeinflusst werden oder aber Einfluss auf den Projektablauf nehmen, also den Verlauf oder das Projektergebnis beeinflussen können.

An Projekten sind interne und externe Stakeholder beteiligt. Ein Projekt, das an den Interessen und Erwartungen der Stakeholder vorbeigeht, wird scheitern. Deshalb muss das Projektmanagement versuchen, die Interessen und Erwartungen der Stakeholder zu ermitteln. Hierzu wird eine Stakeholderanalyse durchgeführt, die einen Überblick über alle Personen, Gruppen, Organisationen etc. gibt, die mit dem Projekt in Beziehung stehen, und ihre Interessen und Erwartungen diagnostiziert.

Nur wenn Sie wissen, wie sich die Beteiligten zu dem Projekt verhalten und warum sie dies tun, können Sie auch effektiv steuern. Je eher Vorbehalte ausgeräumt werden, umso weniger Konflikte treten auf.

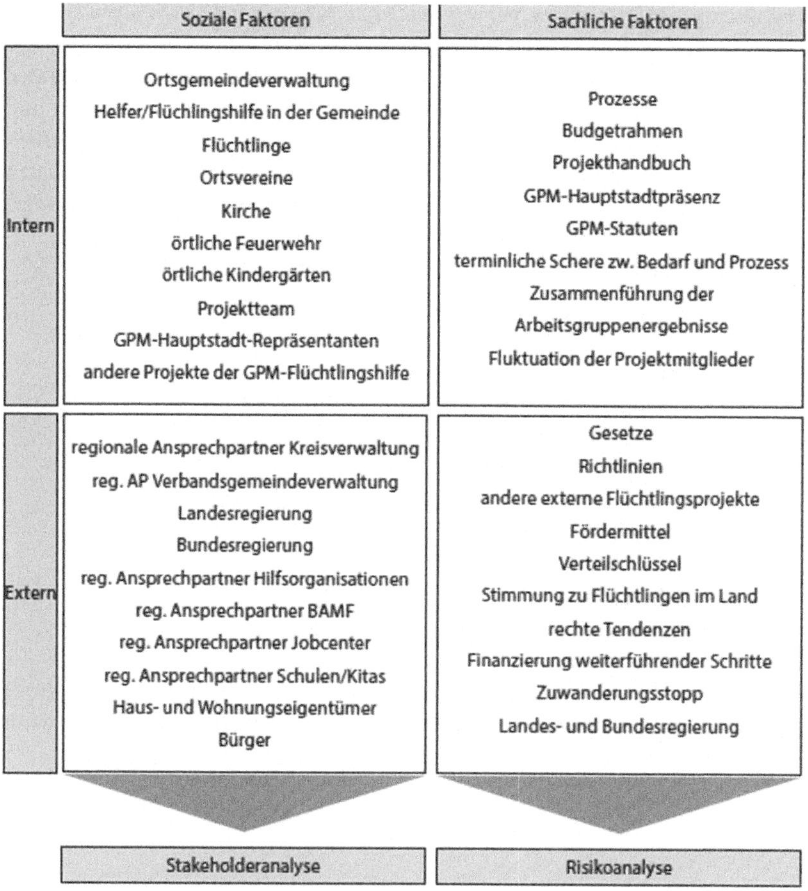

4.3 Management von Integrationsprojekten

	Soziale Faktoren	Sachliche Faktoren
Intern	Ortsgemeindeverwaltung Helfer/Flüchtlingshilfe in der Gemeinde Flüchtlinge Ortsvereine Kirche örtliche Feuerwehr örtliche Kindergärten Projektteam GPM-Hauptstadt-Repräsentanten andere Projekte der GPM-Flüchtlingshilfe	Prozesse Budgetrahmen Projekthandbuch GPM-Hauptstadtpräsenz GPM-Statuten terminliche Schere zw. Bedarf und Prozess Zusammenführung der Arbeitsgruppenergebnisse Fluktuation der Projektmitglieder
Extern	regionale Ansprechpartner Kreisverwaltung reg. AP Verbandsgemeindeverwaltung Landesregierung Bundesregierung reg. Ansprechpartner Hilfsorganisationen reg. Ansprechpartner BAMF reg. Ansprechpartner Jobcenter reg. Ansprechpartner Schulen/Kitas Haus- und Wohnungseigentümer Bürger	Gesetze Richtlinien andere externe Flüchtlingsprojekte Fördermittel Verteilschlüssel Stimmung zu Flüchtlingen im Land rechte Tendenzen Finanzierung weiterführender Schritte Zuwanderungsstopp Landes- und Bundesregierung
	Stakeholderanalyse	Risikoanalyse

Abb. 4.17 Stakeholder- und Risikoanalyse
Quelle: GPM o. J., S. 15

Wer ist Kunde/Kundin?

Die einfachste Form der Stakeholderanalyse ist die Frage nach dem Kunden/der Kundin. Kund/innen sind Akteure, die Nein sagen können.

Übungsaufgabe: *Bitte klären Sie, wer in oder zu Ihrem Projekt Nein sagen kann!*
Sie haben damit den ersten Punkt der Stakeholderanalyse (Identifikation der Stakeholder) durchgeführt. In einem zweiten Schritt sollten Sie Kategorien bilden (Nutznießer, Zielgruppen, Durchführende etc.) und diese charakterisieren und analysieren. In einem dritten Schritt sollten Sie Konsequenzen der Projektarbeit erarbeiten (z. B. mögliche Reaktionen von internen oder externen Projektbeteiligten auf das Projekt zusammenstellen), sodass Sie folgende Frage beantworten können:

Was können Sie tun, damit Ihre Kunden Ja sagen?

Doch nicht alle Beteiligten sind gleichermaßen wichtig. Deshalb klären Sie:

- Was sind die wichtigsten Stakeholder des Projekts?
- Wer bestimmt die Rahmenbedingungen des Projekts?
- Von wem hängt der Erfolg gab?
- Wer ist vom Ergebnis betroffen?
- Für wen könnte das Projekt einen besonderen Nutzen haben?
- Wer muss mit einbezogen werden?
- Wer ist regelmäßig zu informieren?
- Wer muss überzeugt werden?
- Woher *könnt*en Sie Unterstützung bekommen?

Im Bereich der Geflüchtetenintegration gibt es eine ganze Reihe Beteiligter, die es einzubinden gilt, wie im folgenden Beispiel aus der Stadt Wolfenbüttel gezeigt wird:

4.3 Management von Integrationsprojekten

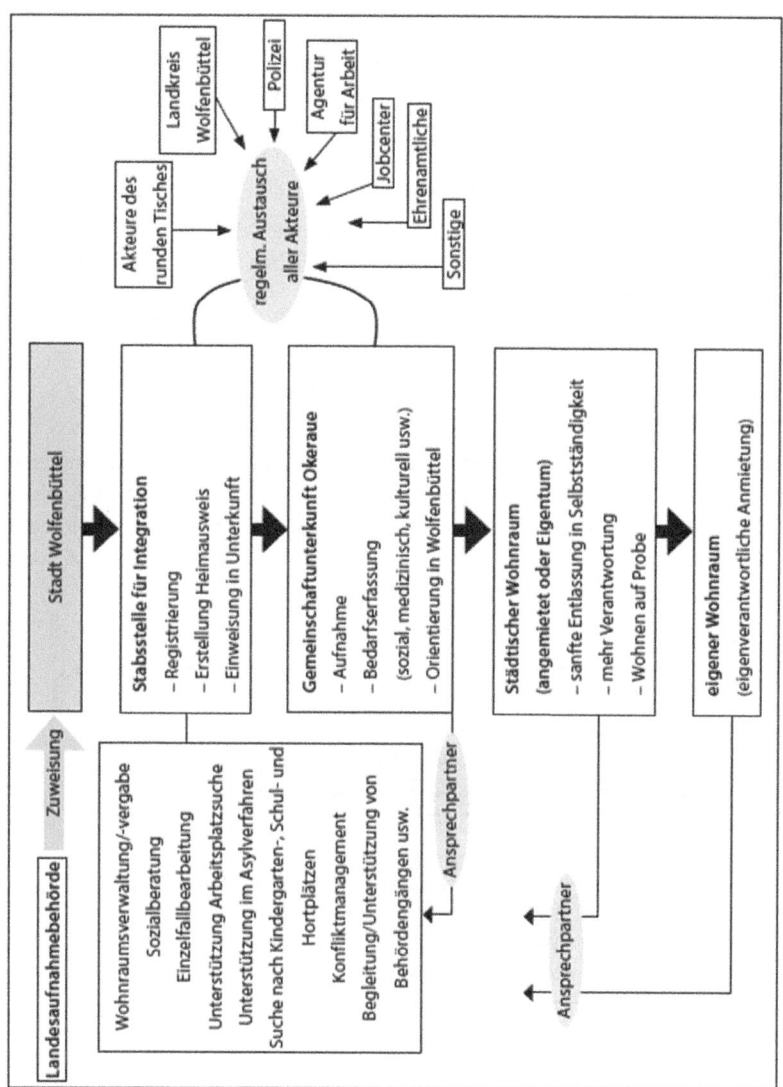

Abb. 4.18 Beteiligte der Integration in Wolfenbüttel
Quelle: Stadt Wolfenbüttel

Situationsanalyse

Ziel der Situationsanalyse ist es, die Randbedingungen und Einflussfaktoren des Projekts zu erfassen, um Projektrisiken, aber auch Chancen und Potenziale zu erkennen.

Wie ist die Situation in unserem Projekt?
- Was funktioniert gut und wo liegen Problembereiche?
- Welche Bedeutung und welche Auswirkungen haben die jeweiligen Probleme?
- Welche möglichen Ursachen sehen Sie?
- In welchem Bereich sehen Sie den dringendsten Handlungsbedarf und warum?

4.3.4.2 Projekte planen

Ausgehend von der Vorbereitungsphase werden in der Planungsphase eindeutige und allgemein verständlich formulierte Ziele erstellt. Aus diesen Zielen werden Maßnahmen abgeleitet. Während das Ziel (strategische Projektplanung) angibt, was erreicht werden soll, welcher Endzustand angestrebt wird, ist die Maßnahme der Weg zum Ziel (operative Projektplanung).

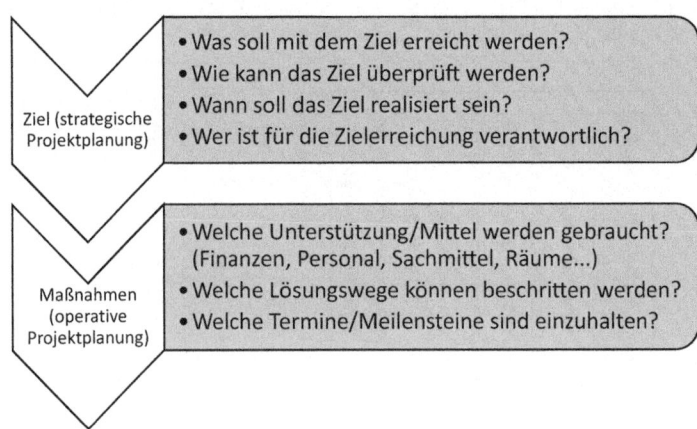

Abb. 4.19 Strategische und operative Projektplanung
Quelle: Eigene Darstellung

4.3 Management von Integrationsprojekten

Strategische Projektplanung

Im Rahmen der strategischen Projektplanung werden Ziele formuliert. Die Beschreibung eines Ziels sollte so eindeutig sein, dass sie als Maßstab für die Überprüfung und Beurteilung der Ergebnisse dienen kann. Ziele dürfen den Lösungsweg selbst allerdings nicht vorschreiben. Ziele sind keine Maßnahmen. Ziele sollten operationalisierbar sein, d. h., sie sollten so präzise formuliert werden, dass Maßnahmen aus ihnen abgeleitet werden können.

Insbesondere quantitative Ziele sind mess- und operationalisierbar, d. h., sie können in Zahlen ausgedrückt werden (Beispiele: monetäre Zielangaben wie Kosten, Finanzvolumen, Umsatz, nicht monetäre Zielangaben wie Arbeitsstunden, Tätigkeitsdauer etc.). Doch oftmals haben wir es mit qualitativen Zielen wie dem partizipativen Ansatz, Berücksichtigung der interkulturellen Aspekte etc. zu tun, die nicht in Zahlen ausgedrückt werden können.

Ziele können in Leistungs-, Kosten-, Termin- und Soziale Ziele unterteilt werden. Es ergibt sich ein Zielbaum, wie in Abb. 4.20 am Beispiel der Ziele der Flüchtlingshilfe gezeigt wird.

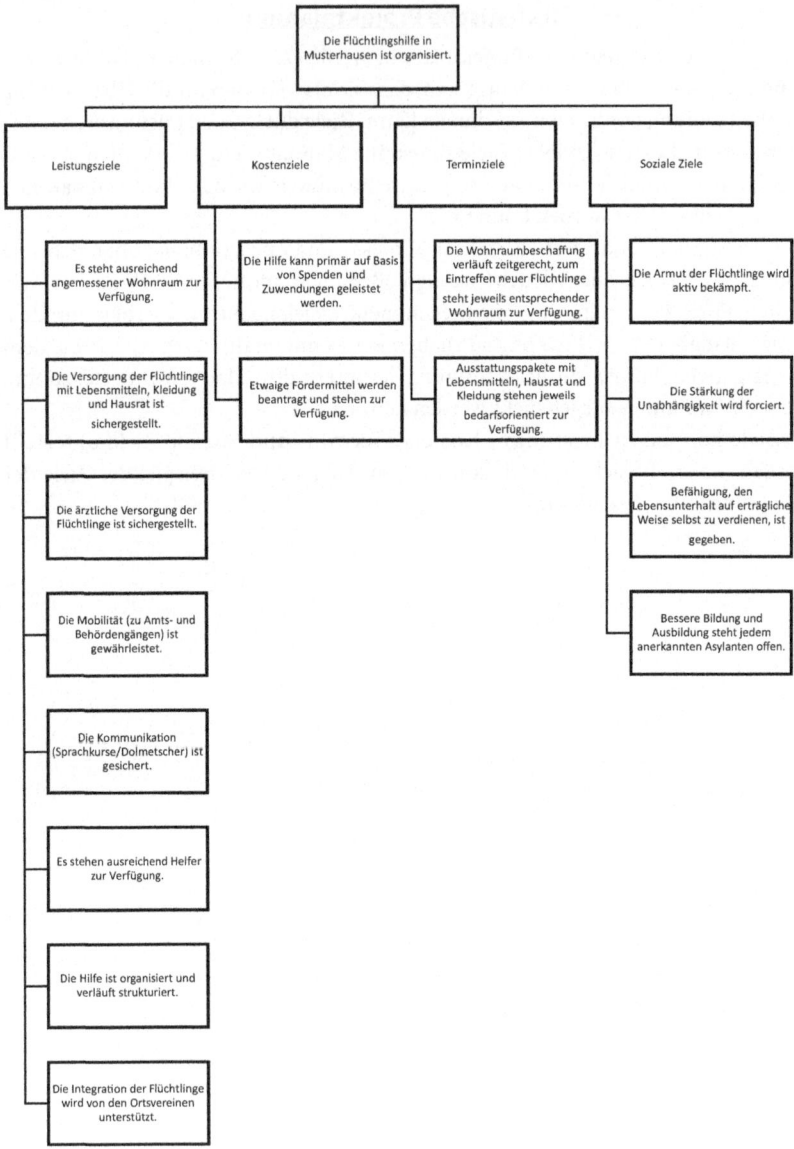

Abb. 4.20 Zielbaum eines Projekts der Geflüchtetenhilfe (Leistungs-, Kosten-, Termin- und Soziale Ziele)

Quelle: GPM o. J, S. 13

4.3 Management von Integrationsprojekten

Zielfindungsprozess im Projekt

Ziele können von außen vorgegeben bzw. auf dem Hintergrund einer Situations- oder Problemanalyse oder in einem partizipativen Verfahren entwickelt werden, um z. B. die Interessen und Erwartungen der Stakeholder einzubeziehen. Auch die Mitarbeiter sollten mit einbezogen werden, denn je größer die Übereinstimmung von Zielen der Organisation mit denen der Mitarbeiter ist, desto nachvollziehbarer, durchsichtiger und reibungsloser ist dann die Zusammenarbeit.

Ziele sammeln

Um Ideen und Vorschläge von allen Beteiligten zu sammeln, werden Techniken produktiver Teamarbeit eingesetzt. Das Sammeln von Zielen erfolgt im ersten Schritt offen und ohne Wertung; erst in einem zweiten Schritt sollten die Ziele sortiert werden.

Ziele differenzieren, zuordnen und ergänzen

Die zu bewältigende Aufgabe bzw. das Ziel sollte nicht zu hoch gesetzt werden. Ziele, die nicht erreicht werden können, wirken auf Dauer demotivierend. Besser ist die Setzung kleinerer Ziele (Teilziele auf dem Weg zum „großen Ziel"), die auch tatsächlich erreicht werden können.

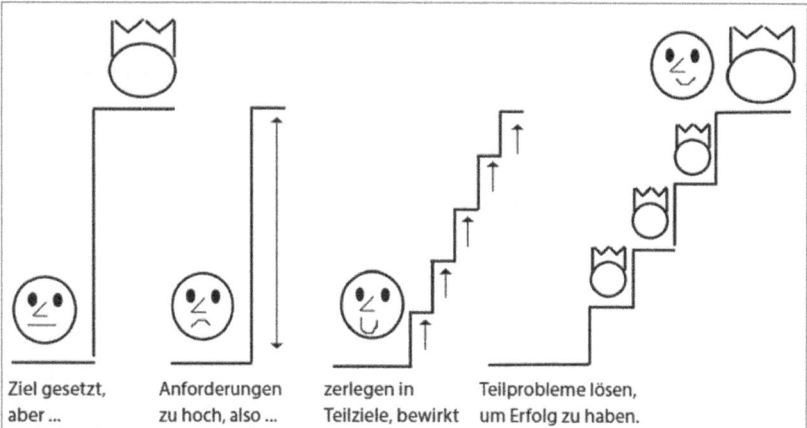

Abb. 4.21 Vorteile des Zerlegens von Zielen in Teilziele
Quelle: Kolhoff 2004, S. 68

Deshalb werden aus der Zielsammlung zunächst Grundsatzziele (GZ) herausgefiltert. Sie haben eine lange Wirkungszeit und geben die Projektorientierung vor. Außerdem stehen sie in einem größeren normativen Kontext. Aus ihnen werden Rahmenziele (RZ) abgeleitet, die der Verwirklichung der GZ dienen und sie zeitlich wie inhaltlich näher bestimmen. Die RZ passen sich speziellen gesellschaftlichen Bedingungen an und gelten für einen bestimmten Zeitraum (1 bis 3 Jahre). Ergebnisziele (EZ) definieren, was innerhalb des Projektzeitrahmens erreicht werden soll. Sie füllen die Rahmenziele mit konkreten Inhalten und Ideen (Vorschlägen). EZ passen sich an die organisatorischen Gegebenheiten der Einrichtung (Mitarbeiter, Finanzmittel etc.) an. Die Ergebnisziele werden durch Methoden und Handlungsabläufe umgesetzt.

Zielformulierung

Die Ziele sollten smart sein, d. h.

- *S pezifisch* – Was genau wollen wir erreichen?
- *M essbar* – Woran können wir überprüfen, ob wir unsere Ziele erreicht haben?
- *A ktivierend* – Motivieren die Ziele die Beteiligten dazu, aktiv zu werden?
- *R ealistisch* – Ist das Ziel unter Berücksichtigung der gegebenen Umstände und der vorhandenen Ressourcen erreichbar?
- *T erminiert* – In welchem Zeitraum kann/soll das Ziel umgesetzt werden?

Übungsaufgabe

Ein einfaches Instrument, um Alternativen, kritische Elemente und Schwachstellen eines Projekts zu eruieren, ist der Ansatz der paradoxen Intervention. Beantworten Sie hierzu die folgenden Fragen:

1. Was muss geschehen, damit mein Projekt scheitert?
2. Wie kann ich die unter 1. aufgelisteten Elemente so beeinflussen, dass das Projekt nicht scheitert (Reframingverfahren)?

4.3 Management von Integrationsprojekten

Operative Projektplanung

Zur Umsetzung der im Rahmen der strategischen Projektplanung entwickelten Ziele, werden im Rahmen der operativen Projektplanung Maßnahmen entfaltet. D. h. es werden Projekte strukturiert, Aufgaben verteilt, Meilensteine formuliert, Termine fixiert und Kosten kalkuliert. Maßnahmen sind also der Weg, mit dem das Ziel erreicht wird.

Fragen zur operativen Projektplanung

- Welche Ideen haben Sie für die Umsetzung der Ziele?
- Was machen Sie bereits und welche vorhandenen Erfahrungen und Kompetenzen können Sie nutzen?
- Welche inhaltlichen Bausteine gehören zur Maßnahme? (Was wird gemacht, warum, mit wem, mit welcher Methode, wann, wie oft, wo …)
- Wer muss wie beteiligt werden?
- Wer und was wird für die Umsetzung benötigt?
- Wo und von wem können Sie weitere Unterstützung erhalten?

Die Maßnahmen sollten möglichst konkret formuliert, Fristen realistisch gesetzt und Beteiligte mit einbezogen werden. Alle Eckdaten sind in einem Maßnahmenplan festzuhalten. Für die Maßnahmenplanung gilt das Prinzip: Wer macht was bis wann?

Für die Umsetzung von mittleren und größeren Projekten werden Projektablauf-, Kapazitäts- und Kostenpläne sowie Instrumente der Projektüberwachung, des Monitorings und Controllings installiert, um Planabweichungen aufzuzeigen und Gegenmaßnahmen einleiten zu können.

Projektablaufplan

Der Projektablaufplan ist die Dokumentation der logischen und/oder zeitlichen Planung des Projektablaufs. Der Projektablauf ist in Entwicklungsphasen zu untergliedern. Die Phasen können durch die Festsetzung von Meilensteinen definiert werden. Elemente des Ablaufplans sind Vorgänge, Ereignisse und ihre wechselseitigen Anordnungsbeziehungen. Im einfachsten Fall kann ein Ablaufplan aus den Einträgen der Terminkalender der Projektbeteiligten bestehen.

Die nächste Stufe ist die Terminliste. Sie ist für kleinere und mittlere Projekte geeignet, in der wenige Vorgänge miteinander verknüpft sind. Die Aktivitäten und ihre jeweiligen Verantwortlichen werden der Reihe nach aufgeschrieben. Es kann noch eine weitere Spalte zum Abhaken eingetragen werden.

Aufgabe	Verantwortlicher	Termin	✓

Abb. 4.22 Terminliste
Quelle: Eigene Darstellung

Meilensteinplan

Die nächste Stufe ist der Meilensteinplan. Es werden Solltermine der Teilergebnisse geplant. Ein Soll-Ist-Vergleich gibt dann Aufschluss darüber, ob das Projekt im Plan liegt.

Projekttitel:	
Projektnummer:	
Projektmanager/in:	
Aktuelles Datum:	

Nr.	Meilenstein	Termin (Soll)	Termin (Ist)
MS 1	Projektstart	<Datum>	<Datum>
MS 2			
MS 3			
MS 4			
MS 5			
MS 6			
MS 7			
MS 8			
MS 9			
MS 10	Projektende		

Abb. 4.23 Meilensteinplan
Quelle: Eigene Darstellung

4.3 Management von Integrationsprojekten

Ein Ablaufplan kann verschiedenen Strukturprinzipien folgen, z. B. der zeitlichen Abfolge einzelner Elemente (Gantt-Diagramm), den aus angenommenen Bedingungen/Zuständen resultierenden Handlungen (Handlungsdiagramm) oder der Verknüpfung von zeitlichen und handlungsorientierten Zusammenhängen im Netzplan. Im Folgenden wird die häufigste Form des Ablaufplans näher dargestellt, das Gantt-Diagramm.

Gantt-Diagramm

Zur visuellen Veranschaulichung des aktuellen zeitlichen Projektstands eignet sich das Gantt-Diagramm. Es visualisiert die Ablaufstruktur der Arbeitspakete und Vorgänge.

Am linken Rand werden die Vorgänge aufgelistet, die im Diagramm als Balken unter der Zeitachse aufgetragen sind, wie in Abb. 4.24 beispielhaft gezeigt wird.

Projektphase	Teilaufgabe in der Kommune	2015				2016					
		Sept.	Okt.	Nov.	Dez.	Jan.	Feb.	März	April	Mai	Juni...
Initialisierungsphase	Ankunft										...
	Zuteilung										...
	Administration										...
Planungsphase	Wohnraumbeschaffung										...
	Renovierung										...
	Ausstattung										...
Umsetzungsphase	Übergabe Wohnraum										...
	Bedarfsermittlungen										...
	Betreuung (Behörden etc.)										...
Sozio-kulturelle Phase	Begegnungstreffen										...
	Vereinsleben										...
	Bildung und Beruf										...
Abschlussphase	Abschluss des Asylverfahrens										...
	Rückkehrperspektive										...
	vollumfängliche Integration										...

Abb. 4.24 Ablaufplan als Gantt-Diagramm
Quelle: GPM o. J., S. 21

Kapazitätsplanung

Im Rahmen der Kapazitätsplanung werden in einem ersten Schritt die benötigten Ressourcen erfasst. Hierzu werden für jedes Arbeitspaket die benötigten Kapazitäten z. B. nach den Kriterien Personal- und Sachmittel aufgelistet. Dann wird für jedes Arbeitspaket ermittelt, welche Kapazitäten in der Gruppe vorhanden sind, welche zusätzlichen Kapazitäten aus der Organisation benötigt werden bzw. von außen eingekauft werden müssen. Aus dem Bedarf, der durch die Kapazitätsschätzung für jedes Arbeitspaket bestimmt wurde, können die gesamten Projektkosten hochgerechnet werden. Dies ist Aufgabe der *Kostenplanung*, die den einzelnen Aufgaben die voraussichtlichen Kosten zuordnet.

Kostenplanung

Im Rahmen der Kostenplanungen werden

- Personalkosten,
- Sachkosten und
- Fremdkosten

kalkuliert.

Damit man nicht zu knapp kalkuliert, sollten finanzielle Puffer (sogenannte „Dummy-Positionen") in der Projektkalkulation berücksichtigt werden. Die Aufgabenkalkulationen werden zu Arbeitspaketkalkulationen und diese zu Teilprojektkalkulationen zusammengefasst.

4.3.4.3 Projekte umsetzen

Nachdem auf der Planungsebene Ziele bestimmt sowie Struktur-, Ablauf-, Kapazitäts- und Kostenpläne erstellt worden sind, geht es nun darum, die Umsetzung zu steuern.

In einem ersten Schritt wird festgelegt, wer welche Aufgaben zu erledigen und zu bearbeiten hat. Es werden Verantwortlichkeiten festgelegt, also Personen bestimmt, die die Verantwortung für die Ziele und Maßnahmen tragen.

In einem zweiten Schritt werden Werkzeuge der Projektüberwachung, des Monitorings und Controllings, eingerichtet, um die Fortentwicklungen des Projekts zu überprüfen, Planabweichungen aufzuzeigen und beizeiten Gegenmaßnahmen einleiten zu können.

Verantwortlichkeiten festlegen

Hinter jedem Ziel und jeder Maßnahme muss der Name einer Person stehen.

Zur Einleitung der Projektumsetzung gehört die Festlegung von Verantwortlichkeiten, da beispielsweise die Wahrscheinlichkeit, dass alle Geflüchteten innerhalb einer bestimmten Frist nach Ankunft in einem Sprachkurs untergebracht sind, steigt, wenn jemand ganz konkret dafür verantwortlich ist. Umgekehrt wird die Gefahr, dass schwer zu bewältigende, „undankbare" Aufgaben von jedem Teammitglied hintangestellt werden, verringert.

Leitfragen: wer, bis wann, in welcher Weise, was?

- Wer muss in die Realisierung einbezogen werden?
- Wer muss bis spätestens wann und in welcher Weise über den Projektverlauf informiert werden?
- Wer braucht welche Informationen, welche Werkzeuge und welches Training, damit sie/er die Projektziele und ihre Realisierung und deren Konsequenzen versteht und einen aktiven Beitrag leisten kann? (Malik 2001, S. 224).

Monitoring

Ein/e Projektmanager/in sollte seine Projektziele und ihre Realisierung genauso gründlich im Blick behalten wie ein Terrier seine Beute, d. h., er sollte sie nicht aus den Augen lassen und der Sache ständig nachgehen (Malik 2001, S. 225). Projektmanager/innen sind für die Inhalte, die Einhaltung des Kostenrahmens und der Termine verantwortlich. Um Planabweichungen und Gefahren zu erkennen, gilt es, das Projekt ständig zu begleiten und zu beobachten. Ziel des Monitorings ist es, am Projekt „dran zu bleiben", Veränderungen zu registrieren und im Bedarfsfall zu handeln.

Zum Monitoring gehören die sowohl die Situations- als auch die Problembeobachtung und insbesondere die Beobachtung der Verhaltensweisen der Projektbeteiligten, um einen möglichen Handlungsbedarf zu ermitteln.

Als Hilfsmittel bieten sich **Projektstatusberichte** an, um den Stand der momentan relevanten Arbeitspakete, Teilergebnisse, Kosten, Termine und Planabweichungen darzustellen. Projektstatusberichte liefern schnelle und zuverlässige Aussagen über den aktuellen Projektstand.

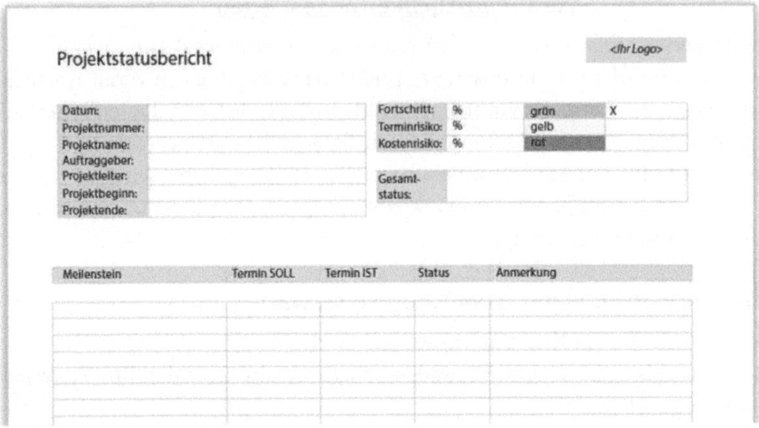

Abb. 4.25 Projektstatusbericht
Quelle: Projektmanagement24 o. J.

„Grün" bedeutet, dass das Projekt innerhalb des geplanten Rahmens verläuft, „Gelb", dass die Fortschreibung des Projektverlaufs zu nicht erlaubten Abweichungen führen wird, und „Rot" bedeutet, dass Vereinbarungen bereits verletzt wurden.

Projektstatusberichte können auch mündlich vor dem Projektteam präsentiert werden. Das Projektmanagement gibt vor, in welchen Abständen bzw. zu welchen Ereignissen ein Projektstatusbericht angefertigt werden muss.

Doch ein Monitoring, das sich nur auf aufbereitete Informationen, also auf mündliche oder schriftliche Berichte stützt, greift in der Regel zu kurz. Auch der beste Bericht enthält nur das, was der Berichterstatter sieht und wonach er fragt. D. h., die Zuverlässigkeit und Realitätstreue von Berichten ist von der Wahrnehmung des Berichterstatters abhängig bzw. durch sie eingeschränkt. Des Weiteren können viele Dinge gar nicht in eine Berichtsform gebracht werden. Erfolgreiche Manager/innen misstrauen abstrakter Kommunikation: „Sie gehen und schauen und reden mit den Leuten. Sie wollen die Dinge mit eigenen Augen sehen und wenn möglich mit ihren Händen greifen. Damit verschaffen sie sich über die Zeit ein Maß an Sachkenntnis und Vertrautheit mit der Situation, das durch nichts anderes erreicht werden kann" (Malik 2001, S. 225). Projektmanager/innen müssen sich also vergewissern, dass die Dinge auch wirklich getan werden, wenn sie kein großes Risiko eingehen wollen. Das geht nur, indem sie sich vor Ort informieren, also hingehen und sich die Projektumsetzung anschauen.

Controlling

Während sich das Monitoring stark auf aktuelle Geschehnisse und Verhaltensweisen der Beteiligten konzentriert, orientiert sich das *Projektcontrolling* stärker an der Einhaltung von Planzahlen. Es geht darum, Ist-Daten zu erfassen und auf dem Hintergrund der Soll-Daten der Planung Abweichungen wahrzunehmen, um dann gegebenenfalls Gegenmaßnahmen einzuleiten und zu überwachen.

Das Controlling wertet allerdings nicht nur den bisherigen Projektablauf aus, sondern auch zukunftsorientierte Daten. Es beantwortet folglich die Fragen: Was wurde bisher erreicht und wie lange brauchen wir noch?

Meilensteine

Meilensteine haben eine wichtige Controllingfunktion, da sie die Zwischenetappen eines Projekts definieren. So stellt die Beendigung einer Projektphase einen Meilenstein dar, bei dem entschieden wird, ob die nächste Phase begonnen werden kann, ob Nachbesserungen vorgenommen werden müssen oder im Extremfall das Projekt abgebrochen werden muss.

4.3.4.4 Projekte evaluieren

Evaluationen dienen dazu, die Wirksamkeit, Effizienz, Qualität und Akzeptanz eines Projekts nachzuweisen sowie Entscheidungs- und Planungshilfen zu liefern. Klassischerweise wird eine Evaluation anberaumt, wenn ein Projekt beendet ist. Spätestens jetzt gilt es zu überprüfen, ob die gesetzten Ziele erreicht wurden.

Doch auch zum *Abschluss bestimmter Projektphasen* oder beim Erreichen bestimmter *Meilensteine* werden Evaluationen durchgeführt.

Beim Evaluieren sollten folgende allgemeine Fragen beantwortet werden:

- Was ist gut gelaufen, was nicht so gut?
- Wenn ein Ziel nicht erreicht werden konnte – was war der Grund?
- Wie kann dokumentiert werden, was erreicht bzw. nicht erreicht wurde?

Selbst- und Fremdevaluation

Interne (Selbst-)Evaluationen setzen bei den im Projekt Tätigen oder den Nutzer/innen der Dienstleistungen an. Es handelt sich um eine Evaluationsmethode, bei der die ausführenden Mitarbeiter/innen selbst den Erfolg ihrer Arbeit messen bzw. beurteilen, indem sie ihre Maßnahmen durch Ziele und Methodenwahl präzise planen und nach der Durchführung mit vorher festgelegten Beurteilungskriterien bewerten.

Externe (Fremd-)Evaluationen erfolgen durch Dritte, also durch Personen, die der Organisation nicht angehören, mit dem Ziel, durch eine Außenbetrachtung eine größere Neutralität zu sichern. Anbieter externer Evaluationen sind beispielsweise wissenschaftliche Institute.

Kombination interner und externer Evaluationen

Oftmals werden interne und externe Evaluationen miteinander kombiniert, z. B. indem die Projektverantwortlichen einen Selbstevaluationsbericht im Sinne eines Selbstbilds erstellen und diese Beschreibung durch Externe bewerten lassen. Selbst- und Fremdbild dienen dann gegebenenfalls einer dritten Ebene als Entscheidungsgrundlage für die Einleitung von Veränderungen.

Indikatorengesteuerte Evaluation

Bei der indikatorgesteuerten Evaluation werden sogenannte objektiv nachprüfbare Indikatoren benutzt, die quantitativer oder qualitativer Art sein können. Genauso wichtig wie die Festlegung der Indikatoren ist die Angabe der Quelle der Nachprüfbarkeit. Denn ein Indikator ist nur dann aussagekräftig, wenn er auch überprüfbar ist.

Indikatoren

Indikatoren legen den Anspruch, der an die Zielerreichung eines bestimmten Zieles gestellt wird, fest. Sie geben an, woran man erkennen kann, ob ein Ziel erreicht wurde. Sie machen Aussagen über die

> Quantität (wie viel?)
> Qualität (wie gut?)
> Zeit (wann?)
> Ort (wo?)

der Zielerreichung.

Beispiel:
Ziel: Wartezeit zur Teilnahme am Deutschkurs sinkt
1. *Schritt*: Indikator bestimmen
   Wartezeit

2. *Schritt*: Quantität
 Wartezeit um 50 % gesenkt
3. *Schritt*: Qualität
 ... bei gleicher Kursqualität
4. *Schritt*: Zeitrahmen
 Zwischen Oktober 2018 und Oktober 2019
5. *Schritt*: Region
 Stadt Wolfenbüttel

Indikator: Verkürzung der Wartezeit zur Teilnahme am Deutschkurs im Zeitraum Oktober 2018 bis Oktober 2019 um 50 % bei gleicher Kursqualität in der Stadt Wolfenbüttel.

Literatur

Beck, R., & Schwarz, G. (2008). *Konfliktmanagement*. 3. Aufl. Augsburg: Ziel.
better-projectmanagement (o. J). http://better-projectmanagement.pbworks.com/w/page/9898620/Projektleitung%20und%20Projektteam. Zugegriffen: 17. August 2019.
Fehlau, E. G., & Stock, C. (2012). *Konfliktmanagement*. Freiburg: Haufe.
GPM - Deutsche Gesellschaft für Projektmanagement e. V. (Hrsg.). (o. J.). *Die Flüchtlingssituation meistern. Projekthandbuch für die kommunale Flüchtlingshilfe*. https://www.gpm-ipma.de/fileadmin/user_upload/GPM/Know-How/201609_Handbuch_Fluechtlingsprojekt_web.pdf. Zugegriffen: 17. Juli 2019.
Kolhoff, L. (2004). *Projektmanagement*. Baden-Baden: Nomos.
Kolhoff, L. (2013). Stichwort Projektorganisation. In K. Grunwald, G. Horcher & B. Maelicke (Hrsg.), *Lexikon der Sozialwirtschaft* (S. 802–805). 2. Aufl. Baden-Baden: Nomos.
Litke, H.-D. (2007). *Projektmanagement: Methoden, Techniken, Verhaltensweisen*. 5. Aufl. München: Hanser Fachbuchverlag.
Litke, H.-D., Kunow, I., & Schulz-Wimmer, H. (2011). *Projektmanagement*. Freiburg: Haufe.
Malik, F. (2001). *Führen, Leisten, Leben. Wirksames Management für eine neue Zeit*. 7. Aufl. München: DVA.
Projektmanagement24 (Hrsg.). (o. J.). *Projekt-Statusbericht in Word*. https://projektmanagement24.de/projekt-statusbericht-in-word. Zugegriffen: 1. Dezember 2017.
Stadt Wolfenbüttel (o. J.). *Willkommen in Wolfenbüttel*. https://www.wolfenbuettel.de/Stadtleben/Integration. Zugegriffen: 1. August 2018.
Städte- und Gemeindebund Nordrhein Westfalen (2016). *Handlungsleitfaden Flüchtlingsintegration*. 15. Februar 2016. https://www.ebwwest.de/fileadmin/user_upload/Handlungsleitfaden_Integration_St%C3%A4dte_Gemeindebund_NRW_15.02.2016.pdf. Zugegriffen: 16. Januar 2020.

Literatur

Agarwala, A., Schenk, A., & Spiewak, M. (2016). Flüchtlinge im Schulalltag. *Die Zeit*. 7. Juli 2016. https://www.zeit.de/2016/29/integration-fluechtlinge-schule-kinder-jugendliche-deutschunterricht-sprachbarriere-bildungspolitik/komplettansicht. Zugegriffen: 17. Juli 2019.

Allmannritter, V. (2017). Menschen mit Migrationshintergrund als Kulturpublikum. Erfolgsfaktoren zur Ansprache durch Kulturinstitutionen. In ISS e. V. (Hrsg.), *Migration, Kunst und Kultur* (S. 297-304). Weinheim: Beltz Juventa (Migration und Soziale Arbeit, 39/4).

Altinzencir, M. (2019). Rechtliche Rahmenbedingungen für geflüchtete Menschen in Deutschland und die Aufgaben der Sozialen Arbeit. Eine Bestandsaufnahme im Hinblick auf die Praxis. In B. Wartenpfuhl (Hrsg.), *Soziale Arbeit und Migration. Konzepte und Lösungen im Vergleich* (S. 55-70). Wiesbaden: Springer Fachmedien.

Barboza, K. (2019). Soziale, kulturelle, strukturelle und identifikatorische Integration als Querschnittsaufgabe der Sozialen Arbeit. In I. Jansen & M. Zander (Hrsg.), *Unterstützung von geflüchteten Menschen über die Lebensspanne. Ressourcenorientierung, Resilienzförderung, Biografiearbeit* (S. 308-325). 1. Aufl. Weinheim, Basel: Beltz Juventa.

Bartels, T. (2016). Demographischer Wandel. Integration als Chance für den ländlichen Raum. In H. Meyer, K. Ritgen & R. Schäfer (Hrsg.), *Flüchtlingsrecht und Integration. Handbuch* (S. 360-371). Wiesbaden: Kommunal- und Schul-Verlag (KSV Verwaltungspraxis).

Baur, C. (2013). *Schule, Stadtteil, Bildungschancen. Wie ethnische und soziale Segregation Schüler/-innen mit Migrationshintergrund benachteiligt*. Bielefeld: Transcript.

Baur, C. (2019). Schulischer Alltag zwischen Kooperation und Konflikt. In C. Baur, C. Krüger & F. Homuth (Hrsg.), Professionen in Schule – zwischen Kooperation und Konflikt (S. 24-35). Dokumentation der Fachtagung vom 07.06.2018. Ostfalia Hochschule für angewandte Wissenschaften – Hochschule Braunschweig/Wolfenbüttel: https://www.ostfalia.de/cms/de/s/.content/Dokumente-fuer-Fakultaet-Soziale-Arbeit/19Tagungsband_Professionen_Baur_Ostfalia-1.pdf. Zugegriffen 18. Januar 2020.

Baur, C., & Häußermann, H. (2009). Ethnische Segregation in deutschen Schulen. *Leviathan* 37(3): 353-366.

Baur, C., & Krüger, C. (2018). Konstruktion von Zugehörigkeit im schulischen Alltag – die Sicht der Professionen auf Schülerinnen und Schüler mit Migrationshintergrund. *Migration und Soziale Arbeit*, 4: 353-361.

Beck, R., & Schwarz, G. (2008). *Konfliktmanagement*. 3. Aufl. Augsburg: Ziel.

Becker, R., & Lauterbach, W. (Hrsg.). (2016). *Bildung als Privileg. Erklärungen und Befunde zu den Ursachen der Bildungsungleichheit*. Wiesbaden: Springer VS.

Berg, I. K., & Kelly, S. (2001). *Kinderschutz und Lösungsorientierung. Erfahrungen aus der Praxis – Training für den Alltag.* Dortmund: Verlag modernes Lernen (Systemische Studien, 22).

Bertelsmann-Stiftung (2018). *Mehr Zusammenarbeit wagen! Herausforderungen in der Zusammenarbeit zwischen Kommunalverwaltung und Zivilgesellschaft – und Wege, sie zu bewältigen.* Gütersloh: Bertelsmann-Stiftung.

better-projectmanagement (o. J). http://better-projectmanage-ment.pbworks.com/w/page/9898620/Projektleitung%20und%20Projektteam. Zugegriffen: 17. August 2019.

BIM (Berliner Institut für empirische Integrations- und Migrationsforschung) & Bertelsmann-Stiftung (2016). *Koordinationsmodelle und Herausforderungen ehrenamtlicher Flüchtlingshilfe in den Kommunen.* Berlin, Gütersloh: Bertelsmann-Stiftung.

BMJFFG (1990). *8. Kinder- und Jugendbericht.* Berlin: Bundesanzeiger (Verhandlungen des Deutschen Bundestages. Drucksachen, 11/6576).

Bogumil, J., Hafner, J., & Kastilan, A. (2017). *Städte und Gemeinden in der Flüchtlingspolitik. Welche Probleme gibt es und wie kann man sie lösen?* Essen: Stiftung Mercator. https://www.stiftung-mercator.de/media/downloads/3_Publikationen/2017/August/Stiftung_Mercator_Studie_Verwaltungshandeln_Fluechtlingspolitik.pdf. Zugegriffen: 14. Juli 2019.

Bolten, J. (2014). „Kultur" kommt von colere: Ein Plädoyer für einen holistischen, nicht-linearen Kulturbegriff. In E. Jammal (Hrsg.), *Kultur und Interkulturalität.* (S. 85–108). Wiesbaden: Springer VS.

Bommes, M. (2018). Die Rolle der Kommunen in der bundesdeutschen Migration-und Integrationspolitik. In F. Gesemann & R. Roth (Hrsg.), *Handbuch Lokale Integrationspolitik* (S. 99–124). Wiesbaden: Springer VS.

Buber, M., & Casper, B. (2009). *Ich und du.* [Nachdr.]. Stuttgart: Reclam (Universal-Bibliothek, 9342).

Bundesamt für Migration und Flüchtlinge [BAMF] (2016). *Integration durch Sport.* www.bamf.de/DE/Infothek/Projekttraeger/IntegrationSport/integrationsport-node.html. Zugegriffen: 29. März 2018.

Bundesamt für Migration und Flüchtlinge [BAMF] (2019a). *Ablauf des Asylverfahrens.* http://www.bamf.de/DE/Fluechtlingsschutz/AblaufAsylv/ablauf-des-asylverfahrens-node.html. Zugegriffen: 17. Juli 2019.

Bundesamt für Migration und Flüchtlinge [BAMF] (2019b). *Das Bundesamt in Zahlen 2018.* http://www.bamf.de/SharedDocs/Anlagen/DE/Publikationen/Broschueren/bundesamt-in-zahlen-2018-asyl.pdf?__blob=publicationFile. Zugegriffen: 17. Juli 2019.

Bundesverband Deutscher Gartenfreunde [BDG] (2006). *Miteinander leben. Integration im Kleingarten. Ein Leitfaden.* Bonn.

Bundeszentrale für politische Bildung (2019). *Asylbewerber/innen nach Alter und Geschlecht, 5.7.19.* https://www.bpb.de/gesellschaft/migration/flucht/265710/demografie. Zugegriffen: 17. Juli 2019.

Caby, A., & Caby, F. (2014). Systeme visualisieren: Das Familienbrett und andere kreative Darstellungen. In T. Levold & M. Wirsching (Hrsg.), *Systemische Therapie und Beratung. Das große Lehrbuch* (S. 241–246). 1. Aufl. Heidelberg: Carl-Auer Verlag (Systemische Therapie, Beratung).

Demokratiezentrum Baden Württemberg (2017). *Flüchtlinge am deutschen Arbeitsmarkt.* http://docplayer.org/24171746-Fluechtlinge-am-deutschen-arbeitsmarkt.html. Zugegriffen: 18. August 2018.

Erath, P., & Balkow, K. (Hrsg.). (2016). *Einführung in die Soziale Arbeit.* Stuttgart: Kohlhammer.

Farwick, A. (2012). Segregation. In F. Eckardt (Hrsg.), *Handbuch Stadtsoziologie* (S. 381-419). Wiesbaden: Springer VS.
Fehlau, E. G., & Stock, C. (2012). *Konfliktmanagement*. Freiburg: Haufe.
Foerster, H. von, & Pörksen, B. (2016). *Wahrheit ist die Erfindung eines Lügners. Gespräche für Skeptiker*. 11. Aufl. Heidelberg: Carl-Auer Verlag (Systemische Horizonte).
Foroutan, N. (2013). Hybride Identitäten. Normalisierung, Konfliktfaktor und Ressource in postmigrantischen Gesellschaften. In H. U. Brinkmann & H. Uslucan (Hrsg.), *Dabeisein und Dazugehören* (S. 85-99). Wiesbaden: Springer VS.
Freise, J. (2017). Stärkung von Haltungskompetenzen. In A. Polat & R. Bieker (Hrsg.), *Migration und Soziale Arbeit. Wissen, Haltung, Handlung*. Unter Mitarbeit von Mareike Lange (S. 109-118). Stuttgart: Kohlhammer (Grundwissen Soziale Arbeit, Bd. 14).
Friedrich, J. (2017). Plädoyer für das wachsende Haus. In J. Friedrich, P. Haslinger, S. Takasaki & V. Forsch (Hrsg.), *Zukunft: Wohnen. Migration als Impuls für die kooperative Stadt* (S. 16-28). Berlin: Jovis.
Gesemann, F., & Roth, R. (2017). *Erfolgsfaktoren der kommunalen Integration von Geflüchteten*. Berlin: Friedrich-Ebert-Stiftung.
Gomolla, M.; Radtke, F.-O. (2009): Institutionelle Diskriminierung. Die Herstellung ethnischer Differenz in der Schule. 3. Aufl. Wiesbaden: VS Verlag für Sozialwissenschaften.
GPM - Deutsche Gesellschaft für Projektmanagement e. V. (Hrsg.). (o. J.). *Die Flüchtlingssituation meistern. Projekthandbuch für die kommunale Flüchtlingshilfe*. https://www.gpm-ipma.de/fileadmin/user_upload/GPM/Know-How/201609_Handbuch_Fluechtlingsprojekt_web.pdf. Zugegriffen: 17. Juli 2019.
Grönheim von, H. (2019). *Intersektionale Soziale Arbeit im asylpolitischen Ungleichheitssystem*. In R. Braches-Chyrek, T. Kallenbach, Chr. Müller &L. Stahl (Hrsg.): *Bildungs- und Teilhabechancen geflüchteter Menschen* (S. 183–195).*Kritische Diskussionen in der Sozialen Arbeit*. Opladen, Berlin, Toronto: Verlag Barbara Budrich.
Grunwald, K. & Thiersch, H. (2018). Lebensweltorientierung. In G. Graßhoff, A. Renker & W. Schröer (Hrsg.): *Soziale Arbeit. Eine elementare Einführung* (S. 303–315). Wiesbaden, Springer VS.
Hajji, R., & Ühre, F. (2017). Unter welchen Einflussbedingungen sich Geflüchtete mit Deutschland identifizieren. Eine quantitative Studie. In ISS e. V. (Hrsg.), *Migration und Soziale Arbeit. Zugehörigkeitsverständnis im Wandel?* (S. 28-36). Weinheim: Beltz Juventa (Migration und Soziale Arbeit, 39/1).
Hall, E., & Hall, M. R. (1990). *Understanding Cultural Differences. Germans, French and Americans*. Yarmouth: Intercultural Press.
Häußermann, H., & Siebel, W. (2004). *Stadtsoziologie. Eine Einführung*. Frankfurt am Main: Campus.
Hegemann, T., & Oestereich, C. (2018). *Einführung in die interkulturelle systemische Beratung und Therapie*. 2., vollst. überarb.. erw. Aufl. Heidelberg: Carl-Auer Verlag (Carl-Auer Compact).
Heiner, M. (2010). *Kompetent handeln in der Sozialen Arbeit*. München: Ernst Reinhardt (Handlungskompetenzen in der sozialen Arbeit, 1).
Herriger, N. (2018). Empowerment. In H. Bassarak (Hrsg.), *Lexikon der Schulsozialarbeit* (S. 157-159). 1. Aufl. Baden-Baden: Nomos.
Heuber, H.-G. (2002). *Talk one's head off. Ein Loch in den Bauch reden. Englische Redewendungen und ihre deutschen „opposite numbers"*. 16. Aufl. Reinbek bei Hamburg: Rowohlt.

Hofstede, G., & Hofstede, G. J. (2009). *Lokales Denken, globales Handeln. Interkulturelle Zusammenarbeit und globales Management.* 4. Aufl. München: Dt. Taschenbuch-Verl.
iwd (2018a). *Die Integration von Flüchtlingen erfordert einen langen Atem.* https://www.iwd.de/artikel/die-integration-von-fluechtlingen-erfordert-einen-langen-atem-389406/. Zugegriffen: 17. Juli 2019.
iwd (2018b). *Zeitarbeit: Sprungbrett für Flüchtlinge.* https://www.iwd.de/artikel/zeitarbeit-sprungbrett-fuer-fluechtlinge-398965/. Zugegriffen: 17. Juli 2019.
Jakob, G. (2018). Bürgerschaftliches Engagement in der Sozialen Arbeit. In G. Graßhoff, A. Renker & W. Schröer (Hrsg.), *Soziale Arbeit. Eine elementare Einführung* (S. 713-726). Wiesbaden: Springer VS
Karakyali, J., zur Nieden, B., & Kahveci, Ç. (2017). Die Kontinuität der Separation. Vorbereitungsklassen für neu zugewanderte Kinder und Jugendliche. *DDS, 109*(3): 223-235.
Kellermann, I., & Roedel, B. (2014). Genogrammarbeit. In T. Levold & M. Wirsching (Hrsg.), *Systemische Therapie und Beratung. Das große Lehrbuch* (S. 227-223). 1. Aufl. Heidelberg: Carl-Auer Verlag (Systemische Therapie, Beratung).
KGSt (1993). *KGSt-Bericht – Das Neue Steuerungsmodell.* Mai 1993. Köln: KGSt.
KGSt (2013). *KGSt-Bericht – Das Kommunale Steuerungsmodell (KSM).* Mai 2013. Köln: KGSt.
KGSt (2017a). *KGSt-Bericht – Kommunales Integrationsmanagement. Teil 1: Managementansätze und strategische Konzeptionierung.* Juli 2017. Köln: KGSt.
KGSt (2017b). *Kommunales Integrationsmanagement: Erklärvideo.* 4. Dezember 2017. https://www.youtube.com/watch?time_continue=358&v=eKhYjiX7st8. Zugegriffen: 8. August 2019.
Kienbaum (2016). *Kienbaum-Studie zum Flüchtlingsmanagement der öffentlichen Verwaltungen. Pressemitteilung 11.06.2016.* https://2018.kienbaum.com/de/news/presse/fluechtlingsmanagement-kommunen-sehen-grosse-chancen-in-besseren-prozessen. Zugegriffen: 8. August 2019.
Klassen, M. (2010). *Soziale Problemlösung als Aufgabe der Sozialen Arbeit, des Case- und Sozialmanagements. Lehrbuch.* Innsbruck: Studia Universitätsverlag (MCI Wissenschaft & Praxis).
Klassen, M. (2017). *Case Management mit System. Neue Impulse für eine systemtheoretische Praxis.* Heidelberg: medhochzwei (Case Management in der Praxis).
KMK – Kultusministerkonferenz (1976). *Vereinbarung „Unterricht für Kinder ausländischer Arbeitnehmer". Beschluss der Kultusministerkonferenz vom 08.04.1976.* Bonn.
Kolhoff, L. (2013). Stichwort Projektorganisation. In K. Grunwald, G. Horcher & B. Maelicke (Hrsg.), *Lexikon der Sozialwirtschaft* (S. 802-805). 2. Aufl. Baden-Baden: Nomos.
Kolhoff, L. (2004). *Projektmanagement.* Baden-Baden: Nomos.
Kumbier, D., & Schulz von Thun, F. (2016). Interkulturelle Kommunikation aus kommunikationspsychologischer Perspektive. In D. Kumbier & F. Schulz von Thun (Hrsg.), *Interkulturelle Kommunikation. Methoden, Modelle, Beispiele* (S. 9-27). 8. Aufl. Reinbek bei Hamburg: Rowohlt Taschenbuch Verlag (rororo Miteinander reden: Praxis, 62096).
Leenen, W. R., Groß, A., & Grosch, H. (2013). Interkulturelle Kompetenz in der Sozialen Arbeit. In G. Auernheimer (Hrsg.), *Interkulturelle Kompetenz und pädagogische Professionalität.* 4., durchges. Aufl. (S. 105-126). Wiesbaden: Springer VS.
Lehmann, T. (2017). Machtlos mächtig – Wie asymmetrisch ist Flüchtlingssozialarbeit? In T. Kunz & M. Ottersbach (Hrsg.), *Flucht und Asyl als Herausforderung und Chance der Sozialen Arbeit* (S. 54-63). 1. Sonderheft Migration und Soziale Arbeit. 1. Aufl. Weinheim: Beltz Juventa (Migration und soziale Arbeit: […], Sonderheft, 1).

Literatur

Leiprecht, R. (2004). *Kultur – Was ist das eigentlich?* Arbeitspapiere IBKM No. 7 Carl von Ossietzky Universität Oldenburg.

Leiprecht, R. (2008). Diversity Education und Interkulturalität in der Sozialen Arbeit. *Sozial Extra* 32(11-12): 15–19.

Litke, H.-D. (2007). *Projektmanagement: Methoden, Techniken, Verhaltens-weisen.* 5. Aufl. München: Hanser Fachbuchverlag.

Litke, H.-D., Kunow, I., & Schulz-Wimmer, H. (2011). *Projektmanagement.* Freiburg: Haufe.

Lüddemann, S. (2010). *Kultur. Eine Einführung.* Wiesbaden: Springer VS.

Lüsebrink, H.-J. (2016). *rathje.* 4., aktualisierte und erweiterte Aufl. Stuttgart: J. B. Metzler.

Lützenkirchen, A., Herrmann, M., Posch, G., & Schmahl, R. (2013). *Natur, Gärten und Soziale Arbeit. Theorie und Praxis naturgestützter Intervention.* Unter Mitarbeit von Annika Witting. Lage: Jacobs.

Malik, F. (2001). *Führen, Leisten, Leben. Wirksames Management für eine neue Zeit.* 7. Aufl. München: DVA.

Nowak, J. (2009). *Soziologie in der Sozialen Arbeit.* Schwalbach/Ts.: Wochenschau-Verlag (Grundlagen Sozialer Arbeit).

Nuss, F. (2019). Sozialraumorientierung und Migration. Vom Willen geflüchteter Menschen und der Stärke individueller Lebensgeschichten. In B. Wartenpfuhl (Hrsg.), *Soziale Arbeit und Migration. Konzepte und Lösungen im Vergleich* (S. 227–244). Wiesbaden: Springer Fachmedien.

Obrecht, W. (1996). Sozialarbeitswissenschaft als integrative Handlungswissenschaft. Ein metawissenschaftlicher Bezugsrahmen für eine Wissenschaft der Sozialen Arbeit. In R. Merten, P. Sommerfeld & T. Koditek (Hrsg.), *Sozialarbeitswissenschaft – Kontroversen und Perspektiven* (S. 121–183). Neuwied, Kriftel: Luchterhand.

Otto, J., Migas, K., Järvinen, H., & Burghoff, M. (2017). Interkulturelle Kompetenz von Lehrkräften. Mythos, Trend oder pädagogische Notwendigkeit? In N. McElvany, W. Bos, H. G. Holtappels, & A. Jungermann (Hrsg.), *Ankommen in der Schule. Chancen und Herausforderungen bei der Integration von Kindern und Jugendlichen mit Fluchterfahrung* (S. 69–85). Münster: Waxmann.

Palmowski, W. (2014). *Systemische Beratung. Systemisch denken und systemisch beraten.* 2. Aufl. Stuttgart: Kohlhammer (Fördern lernen, 14: Prävention).

Pantuček, P. (1998). *Lebensweltorientierte Individualhilfe. Eine Einführung für soziale Berufe.* Freiburg im Breisgau: Lambertus.

Peterek, G. (2017). „Nicht nur für, sondern mit Flüchtlingen arbeiten". Ehrenamtliche Hilfe in einer freien Initiative. In W. Meints-Stender & G. Schmid Noerr (Hrsg.), *Geflüchtete Menschen. Ankommen in der Kommune* (S. 179–188). 1. Aufl. Leverkusen: Barbara Budrich.

Phineo (2016). *Themenreport „Begleiten. Stärken. Integrieren – ausgezeichnete Projekte und Ansätze für Flüchtlinge in Deutschland".* www.bamf.de/DE/Infothek/Projekttraeger/IntegrationSport/integrationsport-node.html. Zugegriffen: 29. März 2018.

Piecuch, S. (2017). *„Wir sehen nicht die Zahlen, wir sehen die Menschen". Flüchtlingsarbeit eines diakonischen Migrationsfachdienst.* Berichte aus der Praxis. In W. Meints-Stender & G. Schmid Noerr (Hrsg.), Geflüchtete Menschen. Ankommen in der Kommune (S. 161–170). 1. Auflage. Leverkusen: Budrich, Barbara,

Pörksen, B., & Schulz von Thun, F. (2016). *Kommunikation als Lebenskunst. Philosophie und Praxis des Miteinander-Redens.* 2. Aufl. Heidelberg, Neckar: Carl-Auer Verlag.

Prognos (2017). *Prognos Studie Wohnungsbautag 2017,* https://www.prognos.com/uploads/tx_atwpubdb/Prognos_Studie_Wohnungsbautag_2017.pdf. Zugegriffen: 20.01.2020

Projektmanagement24 (Hrsg.). (o. J.). *Projekt-Statusbericht in Word.* https://projektmanagement24.de/projekt-statusbericht-in-word. Zugegriffen: 1. Dezember 2017.

Prozessbibliothek der KGSt (o. J.). *Themenkarten Flüchtlinge.* https://www.kgst.de/delegate/processlibrary/index.html?id=ID540315. Zugegriffen: 8. August 2019.

Puschner, P. (2016). Wer erhält welches Asyl? *Bundeszentrale für politische Bildung.* 23. September 2016. http://www.bpb.de/politik/extremismus/rechtsextremismus/232533/wer-erhaelt-welches-asyl. Zugegriffen: 17. Juli 2019.

Rathje, S. (2006). Interkulturelle Kompetenz – Zustand und Zukunft eines umstrittenen Konzepts. *Zeitschrift für Interkulturellen Fremdsprachenunterricht 11*(3): 1-21.

Reich, K. (2014). Systemisch-konstruktivistische Ansätze in der Pädagogik. In T. Levold & M. Wirsching (Hrsg.), *Systemische Therapie und Beratung. Das große Lehrbuch* (S. 36-40). 1. Aufl. Heidelberg: Carl-Auer Verlag (Systemische Therapie, Beratung).

Reimann, B. (2018). *Wohnsituation und Wohneigentumserwerb von Migrantinnen und Migranten.* In F. Gesemann und R. Roth (Hrsg.): *Handbuch Lokale Integrationspolitik* (S. 549–563). Wiesbaden, Springer VS.

Rez, H., Kraemer, M., & Kobayashi-Weinsziehr, R. (2016). Warum Karl und Keizo sich nerven. In D. Kumbier & F. Schulz von Thun (Hrsg.), *Interkulturelle Kommunikation. Methoden, Modelle, Beispiele* (S. 28-72). 8. Aufl. Reinbek bei Hamburg: Rowohlt Taschenbuch Verlag (rororo Miteinander reden: Praxis, 62096).

Ritscher, W. (2007). *Soziale Arbeit: systemisch. Ein Konzept und seine Anwendung.* Göttingen: Vandenhoeck & Ruprecht.

Schirilla, N. (2016). *Migration und Flucht. Orientierungswissen für die Soziale Arbeit.* 1. Auflage. Stuttgart: Verlag W. Kohlhammer (Handlungsfelder sozialer Arbeit).

Schlippe, A. von, Jürgens, G., & el Hachimi, M. (2004). *Multikulturelle systemische Praxis. Ein Reiseführer für Beratung, Therapie und Supervision.* 2. Aufl. Heidelberg: Carl-Auer Verlag.

Schmid Noerr, G. (2017). Migration – Staatliche Ausschlussrechte und individuelle Menschenrechte. Was kann, wird und muss einem Einwanderungsland zugemutet werden? In W. Meints-Stender & G. Schmid Noerr (Hrsg.), *Geflüchtete Menschen. Ankommen in der Kommune* (S. 27–42). 1. Aufl. Leverkusen: Barbara Budrich.

Schnur, O. (2018). *„Quartiersentwicklung für alle?".* Von Integrationsdiskursen und Quartierspolitiken. In F. Gesemann & Roland Roth (Hrsg.), *Handbuch Lokale Integrationspolitik* (S. 373–391). Wiesbaden, Springer VS.

Schönig, W. (2008). *Sozialraumorientierung. Grundlagen und Handlungsansätze.* Schwalbach/Ts.:Wochenschau Verlag

Schubert, H. (2018). *Netzwerkorientierung in Kommune und Sozialwirtschaft.* Wiesbaden: Springer VS.

Schubert, H. (Hrsg.). (2008). *Netzwerkmanagement. Koordination von professionellen Vernetzungen. Grundlagen und Praxisbeispiele.* 1. Aufl. Wiesbaden: VS Verlag für Sozialwissenschaften (Lehrbuch).

Schulz von Thun, F. (2009). *Miteinander reden.* 47. Aufl. Reinbek bei Hamburg: Rowohlt Taschenbuch Verlag (rororo, 17489: rororo-Sachbuch).

Schulze, E., & Spindler, S. (2017). Schule als sicherer Ort. Flucht als Herausforderung für Soziale Arbeit in der Schule. *Die Deutsche Schule 109*(3): 248-259.

Schwerzmann, L. (2013). *Kleingärten. Traditionelle und neue Formen des gemeinschaftlichen Gärtnerns im städtischen Umfeld.* Zürich, Rapperswil: VDF; HSR, Hochschule für Technik Rapperswil, Institut GTLA.

Senatsverwaltung für Stadtentwicklung (2009). *Monitoring Soziale Stadtentwicklung 2009: Fortschreibung für den Zeitraum 2007-2008.* Berlin.

Senatsverwaltung für Bildung, Jugend und Familie (2017). *Mitteilung – zur Kenntnisnahme – über Umsetzung der Maßnahmen für Schulen im Bonus-Programm.* Drs. 17/2600 (II.B.52). Berlin.

Sinus (2018). *SINUS-Studie zu den Migranten-Lebenswelten in Deutschland 2016.* https://www.sinus-institut.de/sinus-loesungen/sinus-migrantenmilieus/. Zugegriffen: 24. März 2018.

Solga, H., & Menze, L. (2013). Der Zugang zur Ausbildung: Wie integrationsfähig ist das deutsche Berufsbildungssystem? *WSI Mitteilungen* (1): 5–14.

Solga, H., & Wagner, S. (2016). Die Zurückgelassenen – die soziale Verarmung der Lernumwelt von Hauptschülerinnen und Hauptschülern. In R. Becker & W. Lauterbach (Hrsg.), *Bildung als Privileg: Erklärungen und Befunde zu den Ursachen der Bildungsungleichheit* (S. 221-252). Wiesbaden: Springer VS.

Spiegel, H. von (2011). *Methodisches Handeln in der sozialen Arbeit. Grundlagen und Arbeitshilfen für die Praxis.* 4. Aufl. München, Basel: Ernst Reinhardt (UTB, 8277).

Stadt Wolfenbüttel (o. J.). *Willkommen in Wolfenbüttel.* https://www.wolfenbuettel.de/Stadtleben/Integration. Zugegriffen: 1. August 2018.

Städte- und Gemeindebund Nordrhein-Westfalen (2016). *Handlungsleitfaden Flüchtlingsintegration.* 15. Februar 2016. https://www.ebwwest.de/fileadmin/user_upload/Handlungsleitfaden_Integration_St%C3%A4dte_Gemeindebund_NRW_15.02.2016.pdf. Zugegriffen: 16. Januar 2020.

Steiner, Th.& Berg, I.K. (2009): *Handbuch lösungsorientiertes Arbeiten mit Kindern.* 4. Auflage. Heidelberg: Carl-Auer-Verl.

Stubbe, T.C., Bos, W., & Eugen, B. (2012). Der Übergang von der Primar- in die Sekundarstufe. In W. Bos, I. Tarelli, A. Bremerich-Vos & K. Schwippert (Hrsg.), *IGLU 2011. Lesekompetenzen von Grundschulkindern in Deutschland im internationalen Vergleich* (S. 209-226). Münster: Waxmann.

SVR-Forschungsbereich – Forschungsbereich beim Sachverständigenrat deutscher Stiftungen für Integration und Migration (2018). *Schule als Sackgasse? Jugendliche Flüchtlinge an segregierten Schulen.* Berlin.

SVR-Sachverständigenrat deutscher Stiftungen für Integration und Migration (2017). *Chancen in der Krise: Zur Zukunft der Flüchtlingspolitik in Deutschland und Europa.* Jahresgutachten 2017, Berlin.

Tabatt-Hirschfeldt, A. (2018). *Öffentliche Steuerung und Gestaltung der kommunalen Sozialverwaltung im Wandel – Eine Einführung.* Wiesbaden: Springer VS.

Thomas, A. (1988). Untersuchungen zur Entwicklung eines interkulturellen Handlungstrainings in der Managerausbildung. *Psychologische Beiträge* 30(1-2): 147-165.

Varga von Kibéd, M., & Sparrer, I. (2018). *Ganz im Gegenteil. Tetralemmaarbeit und andere Grundformen Systemischer Strukturaufstellungen – für Querdenker und solche, die es werden wollen.* 10. Aufl. Heidelberg: Carl-Auer Verlag (Systemaufstellungen).

Vhw – Bundesverband für Wohnen und Stadtentwicklung (2016). *Die vhw-Kommunalbefragung: Herausforderung Flüchtlingskrise vor Ort. Begleitmaterial zum Pressegespräch am 28. April 2016.* Berlin: vhw – Bundesverband für Wohnen und Stadtentwicklung.

Watzlawick, P. (2009). *Wie wirklich ist die Wirklichkeit? Wahn, Täuschung, Verstehen.* 7. Aufl. München, Berlin, Zürich: Piper (Serie Piper, 4319).

Watzlawick, P. (2017). *Menschliche Kommunikation. Formen, Störungen, Paradoxien.* 13., unveränderte Aufl. Bern: Hogrefe (Klassiker der Psychologie).

Watzlawick, P., & Beavin, J. (1980). Einige formale Aspekte der Kommunikation. In P. Watzlawick & J. H. Weakland (Hrsg.), *Interaktion* (S. 95-110). Bern, Stuttgart, Wien: Huber.

Wirth, J. V. (2019). Das Culturagram. Eine psychosoziale Klärungs- und Arbeitshilfe für die Soziale Arbeit mit Immigrant*innen. In B. Wartenpfuhl (Hrsg.), *Soziale Arbeit und Migration. Konzepte und Lösungen im Vergleich* (S. 211-225). Wiesbaden: Springer Fachmedien.

Wittgenstein, L. (1963). *Tractatus logico-philosophicus. Logisch-philosophische Abhandlung.* 11.-17. Tsd. Frankfurt a. M.: Suhrkamp (Edition Suhrkamp, 12).

ZIS - Zentrum für Interkulturelle Studien Mainz (2017). *Interkulturalität.* http://www.zis.uni-mainz.de/106.php. Zugegriffen: 18. März 2018.

Zimmermann, O. (2018). Kultur, Kunst und Kulturpolitik in der Einwanderungsgesellschaft. In F. Gesemann & R. Roth (Hrsg.), *Handbuch Lokale Integrationspolitik* (S. 601-608). Wiesbaden: Springer VS.

Autor/innen

Prof. Dr. phil. Christine Baur ist Professorin für Interkulturalität in der Sozialen Arbeit unter besonderer Berücksichtigung von Gender- und Diversity-Aspekten an der Fakultät Soziale Arbeit der Ostfalia (Hochschule Braunschweig/Wolfenbüttel). Lehr- und Forschungsschwerpunkte: Schulsozialarbeit und Multiprofessionalität in Bildungseinrichtungen, Bildung in der Migrationsgesellschaft, schulische Integration von Geflüchteten in verschiedenen europäischen Ländern, Segregation in Schule und Quartier. E-Mail: c.baur@ostfalia.de

Karl-Heinz Gröpler ist Diplom-Sozialarbeiter und Lehrkraft für besondere Aufgaben an der Fakultät Soziale Arbeit der Ostfalia (Hochschule Braunschweig/Wolfenbüttel). Schwerpunkte in der Lehre: Methodik (Sozialarbeitswissenschaft), Jugendarbeit und Schulsozialarbeit. Er ist im Leitungsteam des Antirassismusprojekts „Schritte gegen Tritte" des HkD in Hannover. E-Mail: k-h.groepler@ostfalia.de

Prof. Dr. Ludger Kolhoff vertritt an der Fakultät Soziale Arbeit der Ostfalia (Hochschule Braunschweig/Wolfenbüttel) das Lehrgebiet Soziales Management mit den Schwerpunkten Organisation, Finanzierung, Personalmanagement, Existenz- und Unternehmensgründung. Er leitet den Masterstudiengang „Sozialmanagement" und ist Vorsitzender der Bundearbeitsgemeinschaft Sozialmanagement/Sozialwirtschaft an Hochschulen e. V. E-Mail: l.kolhoff@ostfalia.de

Prof. Dr. Andrea Tabatt-Hirschfeldt ist Professorin für Sozialpolitik und Sozialökonomie in der Sozialen Arbeit an der Fakultät Handel und Soziale Arbeit am Campus Suderburg der Ostfalia (Hochschule Braunschweig/Wolfenbüttel). Lehr- und Forschungsschwerpunkte: Public Management, Public Governance, kommunale Sozialplanung. Mitglied im geschäftsführenden Vorstand der Bundearbeitsgemeinschaft Sozialmanagement/Sozialwirtschaft. Mitglied im erweiterten Vorstand der Internationalen Arbeitsgemeinschaft Sozialmanagement/Sozialwirtschaft. E-Mail: an.tabatt-hirschfeldt@ostfalia.de

The manufacturer's authorised representative in the EU is Springer Nature Customer Service Centre GmbH, Europaplatz 3, 69115 Heidelberg, Germany. If you have any concerns regarding our products, please contact ProductSafety@springernature.com

Printed and bound by CPI Group (UK) Ltd, Croydon, CR0 4YY

25/03/2026

02078223-0001